アドルノ/ツェラン

往復書簡1960-1968

ヨアヒム・ゼング 編　細見和之 訳

郁文堂

・Theodor W. Adorno und Paul Celan. Briefwechsel 1960–1968
・Joachim Seng, "Die wahre Flaschenpost". Zur Beziehung zwischen
Theodor W. Adorno und Paul Celan

Herausgegeben von Joachim Seng, Extracted from Band 8
Frankfurter Adorno Blätter VIII. edition text + kritik 2003

*　*　*

Translation rights are handled on behalf of Adorno Estate
by Suhrkamp Verlag AG.

Japanese translation rights arranged
with Suhrkamp Verlag AG.
through Sakai Agency

Published by IKUBUNDO Publishing Co. Ltd. Japan, 2023

目　次

装丁：あさぬま剛九

組版：はあどわあく

【凡　例】

- 本書は、パウル・ツェランの研究者ヨアヒム・ゼングが編集して、ロルフ・ティーデマンが編集発行している『フランクフルター・アドルノ・ブレッター』第八号に掲載されている「アドルノ／ツェラン　往復書簡」の全訳（Theodor W. Adorno und Paul Celan. Briefwechsel 1960–1968. Herausgegeben von Joachim Seng, in: Frankfurter Adorno Blätter 8. Im Auftrag des Theodor W. Adorno Archivs herausgegeben von Rolf Tiedemann, edition text + kritik, 2003, S.177-202.）、同号に掲載されているゼングの論考「真実なる投壜通信」(Joachim Seng, »Die wahren Flaschenpost«, in: ebenda S.151-176.）の全訳に、細見の論考をくわえたものである。
- 邦訳のあるものは読者の便宜を考えてその該当箇所を〔　〕で示しているが、訳文自体は細見があらためて訳出したものである。
- 「往復書簡」において、算用数字の注は編者ゼングによるものであり、アステリスクによる注は訳者の細見による追加である。ゼングによる補足は［　］、訳文における訳者による補足は〔　〕で示している。

アドルノ／ツェラン　往復書簡１９６０－１９６８

ヨアヒム・ゼング　編／細見和之　訳

1 アドルノからツェランへ

一九六〇年三月二一日 フランクフルト・アム・マイン

敬愛するツェラン様

『若きパルク』[1]、ほんとうにありがとうございます。装丁がじつにすばらしく、私のように、愛書的な価値よりも文学的な価値をはるかに重く見たがる者でさえ、感銘を受けます。ブレーマー・プレスがいちばん盛んだった時代のことを思い起こさずにはいられません。できましたら、ミュンヘンのかの老人ヴィーガント[2]に一冊、お送りいただくことはできないでしょうか。

こんな具体的なことを申し上げるのは、あなたの比類のない美しいテクストをじっくり読むためには私には十分な時間が必要であって、このテクストについてでたらめな慇懃無礼を記すのは恥知らずもはなはだしいと思うからです。あなたが翻訳を朗読してくださったとき[3]、それがどれだけ深く私を感動させたことか——実際、感動より以上のものです——、それは十分研究に値します。ボーデンゼーでこれからまったくひとりで過ごすことになる平穏な数日が、その機会を提供してくれることでしょう。

すぐに私たちが再会できれば、心からうれしく思います。ドイツへ旅をなさる計画がおありのときには、前もって早めにお知らせください。もちろん、私がパリに行くときにも同じようにご連絡いたします。ソルボンヌ大学とコレージュ・ド・フランスで、さまざまな計画があります。とはいえ、それらが実現するのはつぎの春以降になるだろうと思います——もうこの秋にそちらに行く可能性もないわけではありませんが。

目下のところは、私のマーラー本[4]に決着をつけるために、まったく獣染みた状態で、没頭しています。最後の文章を書き終えるまでは、それなりに成功したものになるのか、まったくの失敗作になるのか、自分でも検討がつきません。これは自惚れと取られかねませんが、私はまったく真剣にこう言わねばなりません。私は自分の書いているものの重みによって、再三再四、自分をずぶの初心者のように感じていますと。どうか私の成功をお祈りください。

あなたに心から感謝している

いつもあなたの信奉者である

アドルノ

1　ポール・ヴァレリー『若きパルク』。ツェランによるドイツ語訳——Wiesbaden: Insel Verlag 1960.

2　ヴィリー・ヴィーガント（一八八四－一九六二）は、ルードヴィヒ・ヴォルデと共同で、一九一〇年に出版社ブレーマー・プレスを創設した。そこでは一連の、愛書家好みの豪華本が出版された。そのミュンヘンの出版社では、とくにフーゴー・フォン・ホフマンスタール、ルドルフ・ボルヒャルト、ルドルフ・アレクサンダー・シュレーダーの作品および翻訳が刊行された。ヴァルター・ベンヤミンの論考「ゲーテの『親和力』」が掲載された雑誌『ノイエ・ドイチェ・バイトレーゲ』もその出版社が発行していた（一九二四年／一九二五年号）。

3　パウル・ツェランは一九六〇年一月一五日から一八日にかけて、フランクフルト・アム・マインに滞在し、一月一六日にフィッシャー社で「若きパルク」の翻訳を朗読した。

4　テオドーア・W・アドルノ『マーラー――音楽観相学』――Frankfurt am Main: Suhrkamp Verlag 1960.〔アドルノ『マーラー――音楽観相学』龍村あや子訳、法政大学出版局、一九九九年〕パウル・ツェランはフランクフルトの書籍市で出会った際に、以下の献辞をそえた一冊を受け取った。「私の愛するパウル・ツェランに、ささやかな感謝の印として／テオドーア・W・アドルノ／フランクフルト、一九六〇年一〇月二五日」

2　ツェランからアドルノへ

一九六〇年五月二三日、パリ

尊敬すべき奥様！　敬愛する教授殿！

さて、私の心からの感謝を携えて、フランクフルトであなたがたにお話しした、シルスのあなたがたの方を眺めやった小さな散文が登場します。[1]（不思議なめぐり合わせで、いまではその散文は、私のビューヒナー賞の「前史」に属する形で現われることになります[2]……）。

タイトルからしてすでに「ユダヤドイツ語」です……それは――私たちに準備ができていることを引き受けましょう！〔仏語〕――徹底的に鉤鼻めいたものです[3]……その鉤鼻に照らせば、第三のもの（おそらくは押し黙っているものも）はきっとふたたびまっすぐとなり得るのでしょう。ほかになにが残っているのでしょう？　おそらくは、獲得された、そして獲得されるべき隔世遺伝、退化を経由する途上で望まれている発展です[4]……

あなたがたに気に入っていただけるでしょうか？　私はぜひともそれを知りたく思います！

親愛なる教授殿、あなたのすばらしい、偉大なるブロッホ音楽[5]に感謝いたします！　無知な私がすこしおしゃべりしても許されるでしょうか？　この壮大な、我《イッヒ》と溜息《アッハ》のリュートとその調べのオーケストレーション！

ホールにおいて――ひとつのホールがあるのです！――思想が身を起こし――身をかがめます。

心から忠実なるあいさつを
あなたがたの
パウル・ツェラン

1　念頭に置かれているのはパウル・ツェランの散文テクスト「山中での対話」（GW 3, S.169-173.〔飯吉光夫編訳『パウル・ツェラン詩文集』白水社、二〇一二年、一五六－一六四頁〕）このテクストは、シルス・マリアでの実現しなかったアドルノとの出会いの記念として一九五九年八月に成立した。ツェランは〔一九六〇年〕五月一二日から一四日までフランクフルトに滞在して、そこでアドルノとも出会った。

2　ツェランは五月一四日にビューヒナー賞受賞の知らせを受け取った。受賞講演のテクストでツェランは「山中での対話」も引き合いに出している。「みなさまがた、私は数年前、短い四行の詩を書きつけました。このような詩です。『イラクサの道からの声たち／逆立ちしてやっておいで、私たちのほうへ／ランプを掲げてひとりでいる者が／読み取られるべき手だけを持っている』。そして、一年前、エンガーディンでの実現しなかった出会いを記念して、私は小さな物語を紙に書きつけました。その物語のなかで、私はひとりの人物を、『レンツのように』山のなかを歩ませました。どちらにおいても、ある「一月二〇日」から、私の「一月二〇日」から、私は書き起こしてきました。私は……私自身と出会いました。／したがって、私たちは、詩のことを考えるとき、詩とともにこのような道を歩むのでしょうか？　この道は、あなたからあなたへと渡り歩く迂回路にすぎないのでしょうか？　しかしながら、同時に、他の多くの道のなかには、言葉が声となる道もあります。それが出会いです。ひとつの声が聞き取ってくれるあなたへといたる道、被造物の歩む道、おそらくは現存在の投企、自分自身へ向けて自分を先送りすること、自分自身を求めて……一種の帰郷です」（GW 3, S.201.〔『パウル・ツェラン詩文集』前掲、一二八－一二九頁。ただし、訳文は細見による。以下同様〕）

3　鉤鼻で、故郷を喪失した、抜け日のない、強欲なユダヤ人という、反ユダヤ主義者たちが好んだステレオタイプにたいするツェランの言葉遊び。とりわけカリカチュアでは、鉤鼻がユダヤ人の目だった特徴として用いられた。ツェランは「山中での対話」へのある献辞でもこれを引き合いに出していた。そこにはこう書かれている。「ペーター・ソンディのために、心からして鉤鼻で、鉤鼻で心からして、パウル・ツェラン／一九六〇年九月」。くわえて、『啓蒙の弁証法』の「反ユダヤ主義の諸要素」の以下の文章に、ツェランは下線を引いて強調していた。「鼻は人相学上の個別化の原理であって、それは、個々人の顔にその特殊な性格を書き込んでいる、いわば筆跡である」〔アドルノ／ホルクハイマー『啓蒙の弁証法』徳永恂訳、岩波文庫、三八〇頁〕。ここでは鼻が、政治的反ユダヤ主義にとっての「ミメーシス的暗号」として解釈されている。

4　「隔世遺伝」という概念が、より以前の発達段階（人間における発達段階だが、植物や動物の発達段階でもある）の身体的もしくは精神的‐心的な特徴がふたたび登場すること、したがって、すでに乗り越えられたと考えられている段階への後退を示しているのにたいして、退化という概念のもとで理解されているのは、生物学的な意味での退行である。ここでもツェランはこの振る舞い方を詩作に適用している。詩作において――ビューヒナー賞受賞講演のための資料集が示しているように――この振る舞い方は彼にとって重要な役割を果たしている。そこではビューヒナーの最後の言葉（「私たちには苦しみが多すぎるのではなく、少なすぎるのです。というのも、苦しみをとおして私たちは神のもとへ赴くのですから。私たちは死です、塵です、灰です。どうして嘆くことができるでしょう?」）との関連でこう記されている。「それは『ヴォイツェック』におけるように、まさしくまだかろうじて声を持つものへの帰還である――それは退化としての言葉、単語とは疎遠なひとつのシラブルにおける意味の展開である。それは、咽をぜいぜい言わせる吃音で識別可能な「幹綴」、萌芽状態にまで舞い戻ったものとしての言葉――その意味の担い手は死せる口であって、その唇はもはや丸くなることはない」(TCA, Der Meridian, S.123f.)。詩作における退行は、時間における後退、死者への後退として生じる。それが詩作における出会いを可能とするのである。

5　エルンスト・ブロッホの『痕跡』〔菅谷規矩雄訳『未知への痕跡』イザラ書房、一九六九年〕についてのアドルノの書評は、雑誌『ノイエ・ドイチェ・ヘフテ』(第六九号、一九六〇年四月、一四―二六頁)に、「偉大なるブロッホ音楽」のタイトルで掲載された。アドルノの原稿を掲載した同号がツェランの蔵書に含まれている〔アドルノのこの長文書評は、『文学ノート　1』に「ブロッホの『痕跡』――一九五九年の新増補版に寄せて」のタイトルで収録されている〕。

3　アドルノからツェランへ

一九六〇年六月一三日、フランクフルト・アム・マイン

敬愛するツェラン様

きわめて注目すべき、深淵な散文作品にたいして、本日は心より感謝を申し上げます。あの作品をもう自分のものとしてすっかり理解したなどと言うとすれば、それは恥知らずもいいところでしょう。

とはいえ、私はあの作品によって尋常ならざる感銘を受けています。どのような方向にむけてか、もっとも手っ取り早いのは、マーラーについての私の小さな本の最終章から、あなたに引用してみせることでしょう。「楽章〔文章〕の対話的配置において、その内実が現われる。あたかも相手の声を掻き消し、競い合うかのように、声部〔声〕と声部〔声〕が口を差し挟み合う。そこから、この作品の飽くことを知らない表現および言語に類似したものが生じる」[1]。あたかもこの作品によって、音楽に由来する要素が抒情詩のなかに実際に入り込んだという印象を、私は抱かずにはいられません。それは、このような仕方ではかつて存在しなかったことであって、抒情詩の持つ音楽的特質などという決まり文句とはいっさい関係がありません。

ビューヒナー賞の受賞を心からお祝いいたします。あの賞は、ドイツの文学賞のなかでおよそ意味を持っている唯一の賞でしょう。私たちのように、あらゆる公的なものは恥辱であるというテオドア・ヘッカー[2]の命題に忠実であろうとする者の場合にも、あの命題には結局のところ、やはり文脈上の意味というものがあります。あなたが身を置いていられるような状況のなかでは、外からやって来る栄誉というものは、他の場合とはまったく異なっていて、端的に言って、孤独な者として生きていてもまったく孤独なわけではないということのひとつの証しです。だからこそ私は、今回のことを、心からうれしく思ったのでした。

ところで、ここ数日、あなたの耳にも噂がしきりに届いているに違いありません。クスピト氏[3]が私のもとで学位を取得しようとしています。彼が私に伝えてくれたあなたのあいさつに感謝いたします。IGNM〔新音楽国際協会〕の音楽祭のためにケルンに二日間滞在していたのですが、昨日はそのケルンで、あなたおよびあなたの作品について、『アーニースグヴォヴ』の著者ヘルムス氏[4]と、長い会話を交わしました。きっと間もなく、彼か彼の交友圏の誰かから、あなたに連絡が行くことと思います。おそらくは、こんにちドイツの地で存在している、何と言っても、もっとも前衛的な芸術集団との関わりでのことです。

あなたの様子についてすぐにお聞かせください。つぎの土曜から一週間、ウィーンの帝国ホテルに滞在しています（とはいえ、どうかこのことから「大きい」というカテゴリーで語られる事柄を引き出さないでください。[5]ウィーン市のゲストとして私はそこでマーラーについての講演[6]を行いますが、そのホテルもウィーン市が用意してくれたものです。その講演は、通常の公的な記念講演とはいささか赴きの異なったものとなるでしょう）。[*1]

心からのあいさつを、グレーテルからも、

たえずあなたの

テオドーア・W・アドルノ

1　以下を参照――GS 13, S.300.〔アドルノ『マーラー――音楽観相学』前掲、二〇二頁〕

2　テオドーア・ヘッカー（一八七九－一九四五）。哲学的な著作家および文化批評家で、主に、ゼーレン・キルケゴールとジョン・ヘンリー・ニューマンの翻訳と解釈を行なった。一九二一年にカトリックに改宗。文化批評家としては、ヘッカーは雑誌『デア・ブレンナー』と『ホッホランド』のために仕事をした。ナチズムにたいする反対者として一九三六年には講演禁止、一九三八年には出版禁止の処分を受けた。ヘッカーはカール・ムートと協力して、「ミュンヘン・サークル」の助言者の一員だったが、その助言者からは抵抗集団「白薔薇」も生まれることになった。彼のもっとも知られている著作に『昼の本と夜の本――一九三九－一九四五年』（一九四七年）、『風刺と論争』（一九二二年）、『ウェルギリウス――ヨーロッパの父』（一九三一年）がある。

3　ドナルド・B・クスピトは現在、ストニー・ブルックのニューヨーク州立大学で芸術史と哲学を講じているが、著名な芸術批評家でもある。一九六〇年に「ホワイトヘッドの神性」についての論文（以下に収録――Archiv für Philosophie, Bd. 2, 1961, H. 1/2）で、ヨハン・ヴォルフガング・ゲーテ大学〔フランクフルト大学の正式名称〕の哲学部で博士の学位を取得した。一九六〇年七月二七日に彼は、アドルノを主査、ヘルムート・フィーブロックを副査とする口頭試問に合格した。一九五七年の冬学期以来、クスピトはフランクフルト大学で英語ゼミの講師を務めていた。

4　一九五九年にハンス・G・ヘルムスは、『ファ・ム・アーニースグヴォヴ』という暗号めいたタイトルの言葉と音楽によるドラマを出版した。それは時系列に沿った筋は持つものの、詩でもなければ散文でもないが、「新しい音楽」および「新しい文学」の代表作のひとつと見なされている。アドルノは「さまざまな前提」（GS 11, S.431-446.）というタイトルで、『ファ・ム・アーニースグヴォヴ』とジェイムズ・ジョイスの『フィネガンズ・ウェイク』についてのよく参照されたエッセイを書いた〔アドルノ「諸前提」、『文学ノート 2』三光長治ほか訳、みすず書房、二〇〇九年、一四二－一六一頁〕。ヘルムスの作品は、切り離された八つのテクストからなっていて、それらが音響となるとき、個々の八つのテクストの積み重なりによって、九番目の新しい「テクスト」を牛み出す。ヘルムスは自分の作品についてこう述べていた。「あれは、言葉が宣伝やプロパガンダの手ごろな媒体へと退化している世界にたいする芸術家の異議申し立てである。ひとびとが言葉を喪失している状態に気づき、たがいに語り合うことをふたたび学んでほしいという、著者の希望によって支えられた、ひとつの異議申し立てである」。

5　ツェランの「山中での対話」が暗示されている。そこでは「大きなユダヤ人」と「小さなユダヤ人」というふたりの人物が登場する。ツェフンは、「大きなユダヤ人」でアドルノのことを考えていた、と繰り返し伝えていた〔アドルノの体格自体は小柄だった〕。

6　テオドーア・W・アドルノ「マーラー――ウィーンでの記念講演」以下に収録――GS 16, S.323-338.

＊1　アドルノの講演は、マーラーの生誕百年の記念講演だった。

4　アドルノ夫妻およびペーター・ソンディ、ヴィブケ・フォン・ボーニンからツェランへ

［オーバーエンガーディンの湖を写した絵はがき］

一九六〇年八月三〇日、シルス・マリア

ツェラン様　あなたの内容豊かな散文作品を印刷された形で読む悦びが、その舞台および休暇の最後の日々のもたらす陶酔感とひとつになっています。[1] 私たちは心から感謝しつつあなたのことを思っています。お元気でお過ごしください。あなたのアドルノ。

ツェラン様　私たちの会話と思考のなかにあなたはいつも存在しています。心からのあいさつを。

あなたのペーター・ソンディ

心からのあいさつを送ります。あなたのグレーテル・アドルノ

ヴィブケ・フォン・ボーニン[2]

1　ツェランの「山中での対話」［シルス・マリアを舞台としている］は、一九六〇年八月、『ノイエ・ルントシャウ』(71. Jg., H. 2, S.199-202.) にはじめて掲載された。

2　ボーニンはソンディの知人の女性。ベルリン大学での研究（ドイツ文学、ロマンス文学、芸術史）期間中に、彼女はソンディと知り合った。のちにパリで博士論文に取り組み、そこでツェランとも出会った。

5　アドルノからツェランへ*1

［一九六一年二月末］

コレージュ・ド・フランス

ミショニス基金講演

コレージュ・ド・フランスの教授陣は、以下の形で開催される講演会に、出席の栄誉を賜りますよう、みなさまにお願いいたします。

講演者　**テオドーア・W・アドルノ氏**　フランクフルト大学教授

一九六一年三月一五日水曜日「存在論への欲求」

一九六一年三月一八日土曜日「存在と実存」

一九六一年三月二一日火曜日「否定的弁証法に向かって」

講演は一七時から、コレージュ・ド・フランス、第三ホールにて開催されます。

＊1　これはアドルノの講演の案内であり、全文がフランス語で書かれている。三回目の講演タイトルはVERS UND DIALECTIQUE NÉGATIVEとなっているが、UNDをUNEの誤植として訂正している。

6　ツェランからアドルノへ

一九六一年三月二日、パリ

敬愛する教授殿
昨日、あなたのコレージュ・ド・フランスでの講演の案内が届きました――感謝いたします。私はしばしばあなたのことを思っています、教授殿、――とても頻繁に。あなたとあなたの奥様が私たちのもとを訪ねてくださることはできるでしょうか？　私たちはたいへん光栄に存じるのですが。
もっとも貧しい時代のなかで[1]――心からの感謝をこめて
あなたのパウル・ツェラン

1　フリードリヒ・ヘルダーリンの悲歌「パンとぶどう酒」の暗示。そこではこう問われている。「貧しい時代のなかで何のための詩人か?」場合によってツェランはここで同時に、アドルノのパリ講演のことを暗示しているのかもしれない。その講演は、とくに、哲学者マルティン・ハイデガーの仕事と対決するものだからである（現在では以下を参照――NaS 4・7, S.426ff.）。一九五三年にS・フィッシャー社から、ハイデガーの教え子カール・レーヴィットの『ハイデガー――貧しい時代の哲学者』〔レーヴィット『ハイデッガー――乏しき時代の思索者』杉田泰一・岡崎英輔訳、未來社、一九六八年〕というタイトルの本が出版された。ツェランはその本を所持していた。そのうちの一章（「ニーチェの言葉『神は死んだ』における言い表わしがたいものの解釈」）は、『ノイエ・ルントシャウ』誌の、ツェランがきわめて重視していたアドルノの論考「アルノルト・シェーンベルク」〔アドルノ『プリズメン――文化批判と社会』渡辺祐邦・三原弟平訳、ちくま学芸文庫、所収〕が掲載されたのと同じ号に発表されていた（64. Jg., 1953, H. 1, S.80-104 und 105-137.）。

7　アドルノからツェランへ

一九六一年三月一〇日［パリ］

ツェラン様

あなたのお手紙に大いに感謝いたします。

私たちはあなたにお会いできることをとても楽しみにしています。また、以前お話ししましたように、私たちはあなたがベケットと知り合いになられることを願っています。[1]

ホテル・ルーテーティアの私たちのところへ午前中なら電話していただくことができると思います。たとえば一〇時ぐらいでしたら、たいてい私たちはそこにいます。そちらに滞在しているのは火曜日からです。
それではまたすぐに
心からの感謝をこめて
あなたの
アドルノ

1　ツェランとベケットの出会いはおそらく実現しなかった。妻ジゼルに宛てた報告のなかで、ツェランは一九六一年三月にこう書いている。「アドルノはここからベケットに会いに出かけていった（ベケットがどこにいるか、誰も知ってはいなかったが……）。私は、ウンゼルト[*1]がベケットとクローズリー・デ・リラ[*2]で会ったことを思い出したので、そこへ立ち寄ってみることにする」（BW-GCL, S.117）

＊1　ジークフリート・ウンゼルト。ツェランの知り合いでズーアカンプ社の編集者だった。
＊2　文人が集っていた、パリの著名なカフェ・レストラン。

8　アドルノからツェランへ[*1]

一九六一年三月一〇日、パリ

コレージュ・ド・フランス

訂正

テオドーア・W・アドルノ氏は、三月一五日、一八日、二一日の講演を（五時ではなく）五時三〇分から行ないます。

＊1　全文がフランス語で書かれている。

9　ツェランからアドルノへ

「なぜなら、私たちが芸術において関わっているのは、たんに心地のよい遊び道具や役に立つ遊び道具ではなく、……真理の展開だからです。[1]」

ヘーゲル『美学講義』第三部

（テオドーア・W・アドルノ『新音楽の哲学』からの引用）

敬愛する教授殿
私はたいへん孤独な思いです、私はとても孤独なのです――自分自身と自分の詩しかありません（私はこのふたつを同じものと見なしています）。
ですので、もしも明日、そしてつぎの火曜日、私が聴衆のなかにいなくても、どうぞお赦しください。[2]
心からの親愛をこめて、あなたの
パウル・ツェラン

一九六一年三月一七日、パリ

1　この引用をアドルノは『新音楽の哲学』の「序論」の冒頭に置いている。
2　とはいえ、ツェランは三月一五日の講演には訪れていた。アドルノはパリ講演において、のちに『否定弁証法』のなかで公表されるものを主題としている。アドルノがきわめて批判的にハイデガーの存在論と対決している「存在論的欲求」についての講演に、ツェランは立ち会っていたことになる。

10　ツェランからアドルノへ

一九六二年一月二一日、パリ

教授殿

電話でのあなたのお言葉にもう一度感謝を申し上げます。

控えめな言い方は私の好みではありませんが——あなたも私に言われたとおり、非人間的な事柄においては珍しいことではありません——ここでも習慣に背いても、あなたは悪く取られないだろうと思います。

『メルクーア』の最新号であなたのエッセイを読みました。[1]その結びの文章とともに、距離を跳び越えて、あなたの人柄が身近なものとなり、語りかけ得るものとなりました。私はあなたに語りかけねばなりませんでした、それはぜひとも必要なことでした——ザムフリートないしゴットミュエル・フィッシャー社とエリカ・マン－オーデン夫人の手で出版された（私の受けとめでは、とても入念に校正され、選び抜かれた）書簡集[2]の著者を引用することが許されるならば——それは「予感に満ち、統御する仕方で」生じました[3]——、——そうです、そんな具合でした。私はあなたと語り合わねばなりませんでした。

私にたいして扇動されたことは、排除です——その語のもっとも強い意味において。そしてその排除の理由は、シュレールルス、ダイバー、ベンダーといった面々の「文学」[4]に読み取りうるだけではありません。――申し上げましたとおり、教授殿、実際、私はそこで、然るべき仕方で、当然のように、反抗的かつ偽装された姿で、ブルートファーネントレーガー〔血まみれの旗の保持者〕および光の殺戮者として登場するのです。[5]割りのいい活動です、このブルートファーネントレーガーの関わっていることは。それにたいして、名前も考え方もすっきりとした公証人ハンス・ノルテ――どんなに「空襲に破壊されて」いても、ゴムの木と十字架への磔のような地獄において（無事に、芸術家ふうに）暮らしているドイツ人――は、当然のごとくすぐに気づくのです。ドイツの公証人職というのは、ユダヤ人の雑貨屋稼業とは大違いだと。

　この手のこんだ事柄を行なった連中に関して言うと、彼らはけっして剥きだしのナチスではありません（たとえ、クレメンス・ヘーゼルハウスやフリッツ・マルティーニといった連中[6]がナチスであるにしても）。むしろそのなかには、何年にもわたって、ヒトラーの明確な敵対者だった者がいますし、いずれにしろ勇敢なひとびとです。何人かは「当時」においてすでに反アドルフ〔・ヒトラー〕でした。そして、相変わらず、抵抗者レーム〔ヒトラーによって粛清されたエルンスト・レーム〕への彼らの忠義を守っているのです。

　社会主義、いえ、共産主義＋国家〔国民〕。*1 そして、私に関して言えば、オーデル－ナイセンの国境線が承認されてさえも、かのカール・シュミット[7]がパンと大地の牧草地の大改革に際してたんに顔を出すだけで〔排除されてしまうのです〕。

どのような点で私は支配者を識別するのでしょうか？　それはたんに強迫行為においてだけではありません。その強迫行為によって、彼らは、わけの分からないポーランド系ユダヤ人である私を、上や下へ――きわめて丁寧な寛大さで――押しやるやいなや、すぐさま（すなわち、爪を立てたままで）親ユダヤ的なアリバイを作りだすのですが。その際、重要となるのは――いわゆる伝記上の特徴をも応用した上での――ツェランのイマーゴの新たな配分です。どんなに自明のごとく、威厳をもって、当該の特定された属性、本物と称されている属性が持ち出されていることか、それを見ているとじつにすがすがしいものがあるほどです。そのイマーゴの後ろでは、「批判」の立場からはすぐさま示せるように、実体があとから育っているのです。一種の自然発生〔生物が親なしに生じること〕です、教授殿！　しかも、若者と老人の自発的な丸ごとの発生です！（塵ひとつないほどに社会批判的で、「プルッセン的」[8]に、同じように土着的で、どんな広告にも負けないほどに孤独で、怒りと思考に満ち溢れていて写真映りがよく。）

私に時間さえあれば、あなたにお伝えできるのですが！〔英語〕Dーマークという国にはどこか腐ったところがあります。[9]文化的に向けなおされた領域においても、直接的に配属された領域にいたっても。なんという交換でしょう！　二言語のなんという輝きでしょう！　確かに、腐った言葉とは反対の何という燐光でしょう！[10]〔この二文は仏語〕

あなたとあなたの奥様に心からのあいさつを送ります。
あなたの
（〈言語と創作のためのドイツ・アカデミー〉の年鑑を参照してください）
文学の抜け道にいるスー族のひとりにして、古きメタファーの商人《あきんど》[11]
パウル・ツェラン

1　テオドーア・W・アドルノ「かの二〇年代」（H. 1, 1962, S.46-51.）。結びにはこう書かれている。「アウシュヴィッツのあとで復活した文化という理解の仕方は、見せかけであり不合理である。そしてそのために、いまなお成立している形成物は、厳しい代価を支払わねばならない。とはいえ、世界はそれ自身の没落を生き延びたからには、芸術をその無自覚的な歴史記述として必要としている。現在の本物の芸術家とは、その作品において、極限的な恐怖を震えながらなぞっているひとびとである」（GW 10・2, S.506.）

2　一九六一年に、マンの長女エリカの編集による、トーマス・マンの書簡集（『書簡集 一八八九–一九三六年』）が、S・フィッシャー社で出版されていた。一九三五年に詩人ウィスタン・ヒュー・オーデンと結婚していたエリカ・マンは、書簡を選別する際に、マンのクレール・ゴル宛の書簡一通（一九三三年一〇月二九日付）を採用した。ツェランはここでそのことをあてこすっている。

3　トーマス・マンの小説『魔の山』からの引用。「死と肉体のふしだらからも予感に満ち、統御する仕方で、愛の夢がきみに育っていった瞬間がやって来た。死のこの世界的な祭典からも、雨模様の夕空のいたるところで火をつけているおぞましい熱情の盛りからも、いつか愛が立ち昇るのだろうか?」(Thomas Mann, Gesammelte Werke in dreizehn Bänden, Frankfurt am Main 1974, Bd. 3, Der Zauberberg, 2. Aufl., S.994.〔マン『魔の山(下)』関泰祐・望月市恵訳、岩波文庫、一九八八年、六四九頁〕)。ツェランはこの引用を書簡のなかでしばしば用いている(たとえば、ルドルフ・ヒルシュ宛の一九五八年八月四日付、オットー・ペゲラー宛の一九六一年八月三〇日付、アルフレッド・マルグル・シュペルバー宛の一九六二年三月一二日付の手紙など)。

4　ハンス・ベンダーが担当していた『ドイチェ・ツァイトゥング』の文芸欄の、一九六二年一月一三/一四日号に、ロルフ・シュレールスの短篇(「ガブリエル・ボルネプッツはノータルのもとへ行く」)とハンス・ダイバーの短篇(「影の時刻が時を告げるとき」)が掲載された。ツェランはそれを自分に関係づけている。

5　シュレールスの物語で主人公は「ブルートファアーネントレーガー」・ガブリエルであり、その公証人の名前がハンス・ノルテである。「光の殺害」という言葉がダイバーのテクストで用いられている。

6　一九六一年の初頭に出版された『ニーチェからイヴァン・ゴルまでの現代のドイツ抒情詩』(デュッセルドルフ、一九六一年)のなかで、ヘーゼルハウスは、ツェランの抒情詩がゴルに依拠していると述べ、その際、クレール・ゴルの非難の多くを採用した。シュトゥットガルト大学のドイツ文学者フリッツ・マルティーニは、〈ダルムシュタット言語と創作のためのドイツ・アカデミー〉の委託を受けて、ビューヒナー賞受賞者ツェランにたいする嫌疑の調査を指導し、助手のラインハルト・デールに報告書を提出するよう命じた。

その報告書はアカデミーの一九六〇年の年鑑に「ある攻撃の歴史と批判――パウル・ツェランを非難する主張について」というタイトルで発表された（ダルムシュタット、一九六一年、一〇一－一三二頁）。[*2]

7　法学者・歴史学者であり、一九三三年、ナチス党に入党のち、「ナチス法律家連盟」の代表となる。一連の著作によってシュミットはレーム一派にたいする殺害とニュルンベルク法を正当化した。一九三六年に、党内の競合関係のなかで、党職を剝奪される。戦後、ニュルンベルク裁判のなかで、侵略戦争を精神的に準備したことで尋問を受けるが、一九四七年五月に釈放された。一九八五年の死にいたるまで、評価が分かれるが影響力の大きな国法学者および国際法学者として、生まれ故郷のプレッテンベルクで暮らした。

8　詩人ヨハネス・ボブロフスキーの暗示。彼の詩集『影の国　河たち』が一九六二年に、ツェランの以前の出版社、ドイチェ・フェアラーク・アンシュタルトから出版された。ボブロフスキーの最初の詩集『サマルチア時代』（一九六一年）の東ドイツ用の版には詩「プルッセンの悲歌」が以下の注とともに収録されていた。「この詩は、ドイツ騎士団によって絶滅させられた、プルッセン族の記憶を呼び起こすものである」。自分の動機を記しつつ、ボブロフスキーは、ヘンス・ベンダーが編集したアンソロジー『抗争――一九四五年以来のドイツの抒情詩』のなかで、一九六一年にこう述べている。「私が書くことをはじめたのは一九四一年、イルメニ湖において、ロシアの風景についてだったが、外国人として、ドイツ人としてだった。そこからひとつのテーマが生まれた。その大枠は、ドイツ人と東欧人だった。ポーランド人、リトアニア人、ロシア人、ドイツ人が一緒に暮らしているメメルの周辺で私は育ったが、みんなユダヤ性が浸透していた。私の民族の本に記載されている、ドイツ騎士団以来の、不幸と負債の長い歴史。確かに、なかったことにすることも、償うこともできないが、希望には意味があるし、ドイツの詩でこの困難に取り組むのには意味がある」(同上、一三二頁)。ここでツェランはこういう点を暗示しているのかもしれない。

9　シェイクスピア『ハムレット』(第五幕、第二場、三一五行目以下、および第一幕、第四場、九〇行目)からの引用の暗示。

10　ツェランはここで創作における二重言語の問題をふたたび取り上げている。パリの書店フリンカーからのアンケートに、彼はこのテーマに関して一九六一年にこう答えた。「創作における二重言語を私は信用していません。二枚舌――確かに、それなら存在しています、同時代のさまざまな言語芸術ないしは言語による曲芸のなかに、とりわけ、その都度の文化消費に嬉々として従って、ポリグロット的に身を固める術を心得ている言語芸術において。創作――それは言葉の宿命的な一回性です」(GW 3, S.175.〔『パウル・ツェラン詩文集』前掲、一六八頁〕)。

11　ツェランはこの表現を一九六一年以来手紙の終わりに繰り返し用いている(ヴァルター・イェンス宛の一九六一年五月一九日付、ヘルマン・レンツ宛の同年一二月二六日付の手紙を参照)。この表現は、クレール・ゴルがカール・クローロに宛てた一九六一年一月一八日付の手紙の言葉を暗示している。その言葉は、〈言語と創作のためのドイツ・アカデミー〉の一九六〇年の年鑑に掲載されている、「ある攻撃の歴史と批判――パウル・ツェランを非難する主張について」という報告に掲載されている(ダルムシュタット、一九六一年、一〇三頁)。クレール・ゴルはそこで「抜け道にいる創作のスー族、ツェラン」について語っている。

＊1　バルバラ・ヴィーデマンは、この書簡を大著『パウル・ツェラン——ゴル事件』(Paul Celan—Die Goll-Affäre. Suhrkamp, 2000) に収録した際、この箇所について、ツェランのなかに、ドイツの左翼においてナショナリズムと反ユダヤ主義が結びついていることへの強い懸念があったことを指摘している。

＊2　ラインハルト・デールのこの報告書は、クレール・ゴルの主張がゴル側の捏造によるものであることを指摘してツェランへの嫌疑を晴らすものだったが、ツェランはその報告書に満足していなかった。

11　ツェランからアドルノへ

［パリ］一九六二年一月二三日

あらためて感謝を申し上げます、親愛なる教授殿！

どうか、ここに記している言葉をまったく責任のあるものとして——そして、どのような推測や仮説にもとづくものではないものとして——お受け取りください。

問題全体は、一種のドレフュス事件です。[1] そこに関与しているのは、とりわけいわゆる精神的なエリートたちです。

私は身ぐるみを剝がれているのです——あらゆる意味において、ほんとうにあらゆる意味においてです。そしてそのうえ、唾を吐きかけられ、誹謗されているのです……あるいは——同じことですが

――「崩壊した天才」（『フォアヴェルツ』におけるシュレーアス）[2]として、あるいは存在しない抽象概念（『タート』のクローロ）[3]として、抹殺されているのです。

さまざまな仕方で（『フランクフルター・ヘフト』においてそうであるように）[4]それはまた、いわば〈代理物〉と〈人がた〉[*1]をつうじて、行なわれています。

処理され。抹殺され。生きた体のまま、名前なきものとして、「固く埋め込まれ」。

私は存在していません。[5]（「なぜなら、存在し得ないものは、存在することを許されないからである」。）

「……治さないなら、殺してしまえ」……

たかがひとりのユダヤ人だ。[6]

そして、客体へと歪められ、文学的にあれこれの仕方で利用され得るのです。

マリー・ルイーゼ・カシュニッツと話すことにする、[7]とあなたはおっしゃいました――ここでなされている芝居を、彼女が最後には理解してくれることを、心から願っています（そしてまた――結局のところ、見抜くのが容易くもある――二重の芝居を見て取ってくれることを。）

けれども、どうか彼女とだけお話しください！

心からあなたの（　　　）[*2]、いえ、やはり

あなたのパウル・ツェラン

1　ツェランは自分がフランスの将校アルフレド・ドレフュスと同じような立場にあると見ていた。ドレフュスは、そのユダヤ系の出自のゆえに、一八九四年に、反ユダヤ主義を基盤にしたキャンペーンの犠牲となった。そのキャンペーンは、世論をつうじて、最初彼に、個人的ならびに職務上の誹謗中傷を浴びせ、のちには、国家反逆罪という判決を下した。何年もたって、彼の無罪が確かめられたあと、彼は名誉回復された。一九六二年一月付けの、送付されなかったジャン＝ポール・サルトル宛の手紙のなかで、ツェランは自分を「誹謗中傷キャンペーンの犠牲者」と特徴づけ、そこで問題となっているのが「正真正銘のドレフュス事件――もちろん、〈独特のもの〉とはいえ、はっきりと見て取れるドレフュス事件」と記している。(GA, S.544.)

2　一九六一年六月二八日に、「文学スキャンダル」というタイトルで、ツェランの友人、ロルフ・シュレーアスの論考が『フォアヴェルツ』に掲載された（ちなみにその論考はまた、ドレフュス事件との関わりがはじめて公的に打ち出されたものでもあった）。きわめて好意的で、十分彼と話し合ったうえで書かれたその論考に、ツェランは満足していなかった。なぜならシュレーアスは、論考の最初でツェランのことを「真の天才」と呼びながら、最後にこう書いているからである。「こういったことのいっさいが詩人パウル・ツェランにたいして準備しているのは、潔白の重荷のもとで崩壊してゆくひとびとの運命である」(GA, S.377ff.)。こういう書き方が自分の精神状態がよくないという噂に格好の材料を提供し、そのことで自分の発言が真剣に受けとめられなくなるのではないかと、ツェランは怖れた。

3　カール・クローロの論考「詩人にたいする間違った期待」（『タート』一九六二年一月二〇日）には、こう書かれている。「抒情詩人は、ここ数年、『もはや存在しない』誰かのようだ……」。

4　おそらくツェランがここで暗示しているのは、一九六二年一月に掲載された、ハラルト・ハルトゥングの論考だろう（「この時代の現代詩」、『フランクフルター・ヘフト』第一七巻、第一号、五九頁以降）。そこにはとりわけこう書かれている。「傷を癒やし、最終的には修復を遂げるという課題にたいして、多くの詩人たちは、自然神秘主義的な世界であれ、シュルレアリスム的な世界であれ、曲芸的な世界であれ、自分独自の世界へと新たな『内的な亡命』を行なった。時代と言語魔術の抒情的な統合はめったになかった」。そのあとで、インゲボルク・バッハマンの詩節が肯定的な例として引用され、エンツェンスベルガー、アイヒ、クロ－ロという詩人の名前、のちにはグラス、デ・ハース、ハイセンビュッテル、メッケル、リュームコルフ、シュロル、シュヌレ、ヴァイラオホといった詩人の名前があげられる（また、『私の詩は私のナイフだ』というアンソロジーもあげられている）。その前にはこう書かれている。「現在の（西）ドイツの抒情詩は、ゴットフリート・ベンの用語によれば『静的』である。ベンに直接影響されていない場合にも、ドイツの抒情詩は静的であって、発展と無関係だし、歴史にたいしては敵対的なのだ」。パウル・ツェランは、ハルトゥングのテクストにおいて、個人としても詩人としても名指されてはいない。彼の詩作も、まさしく「こんにちというアクサン＝テギュ」のもとで書かれ、彼の詩と時代との関わりを強調したビューヒナー賞受賞講演も、言及されないままであって、あたかも、ツェランは現在のドイツの詩の世界には属していないかのような扱いである。

5　雑誌『モナート』一九六〇年一二月号に、R・C・フェランの「私は存在するのだろうか？」というタイトルの物語が掲載されていて（第一四七号、四三－四九頁）、ツェランはその物語と自分を関係づけていた。アメリカの教授である著者のその名前を、自分の名前を想起させるペンネームと見なしていた。またツェランはここでクローロの論考を暗示してもいる。

6　カフカの「田舎医者」からの言葉を換えた引用。そこにはこう書かれている。「そいつの服を脱がせろ、そうしたら治すだろう、／それでも治さなかったら、殺してしまえ！／たかがひとりの医者じゃないか／たかがひとりの医者じゃないか」。ツェランはこの引用を当時のいくつかの手紙のなかでも用いていて、一時期は、彼の詩「詐欺師の仕方で、泥棒の仕方で」〔一九六三年刊の『誰でもない者の薔薇』に収録〕のモットーとすることさえ考えていた。彼がこれをアドルノ宛の手紙で引き合いに出したのは、ツェランが高く評価していたアドルノの「カフカおぼえ書き」とも関係があったかもしれない。彼が所持していた、その論考が初出掲載された『ノイエ・ルントシャウ』（第六四巻、一九五三年、第三号、三二五－三五三頁）の号には、読んだ痕跡がたっぷり見られ、以下の文章にはツェラン自身が線を引いていた。「彼［カフカ］は、神経症を癒やすのではなく、神経症それ自体のなかに癒やす力を、認識という力をもとめる。すなわち、社会が個人に焼き付ける傷跡は、その当の個人によって、社会的な非真理の暗号として、真理のネガとして読み解かれるのである」。そして欄外にはこう書き留められている。『『田舎医者』における傷を参照』。いずれにせよ、ツェランはアドルノのこのカフカ解釈を自分のアクチュアルな状況に引き寄せることができた。

7　フランクフルト・アム・マインで暮らしていたこの女性詩人と、ツェランは一九四八年以来、友好的な関係を結んでいた。彼女は、彼のいくつかの詩がはじめてドイツの雑誌（『ヴァンドゥルング』第四巻、一九四九年、第三号、二四〇頁以下）に掲載されるよう手配した。一九五二年から一九六九年にかけて、詩人は彼女のもとを定期的に訪れていた。彼女は、一九六〇年一〇月、ビューヒナー賞授与式での祝辞を担当し、インゲボルク・バッハマン、クラウス・デームスとともに、ゴル事件にたいする「抗議文」に署名した（『ノイエ・ルントシャウ』第七一巻、一九六〇年、第三号、五四七‐五四九頁）。彼女はアドルノとも交流があって、一九六〇年一月の、すでに言及したS・フィッシャー社での朗読会にも参加していた。その朗読会について、一九六〇年一月二〇日付の娘宛の手紙で、彼女はこう書いている。「先週、ツェランが私のもとを訪ねてきました。以前よりも悲しげで、反ユダヤ主義にいっそう敏感になっていました。けれどもそれにたいしてなにかを言うことはいま私にはできません。そのあとで、彼は私をS・フィッシャー社のごく小さな集まりでの朗読に誘ってくれました。そこで彼は、ヴァレリーの『若きパルク』のとても美しい翻訳を朗読しました」（マリー・ルイーゼ・カシュニッツ『日記　一九三六年から一九六六年』フランクフルト・アム・マイン、二〇〇〇年、一一七三頁）。

＊1　「人がた」は欠席裁判で、被告の代わりに置かれたもの。

＊2　署名の代わりに（　　　）を置くことで、ツェランは自分が存在しない者であることを示そうとしたのだと思われる。

12　ツェランからアドルノへ［未発送］

パリ、一九六二年一月二六日

親愛なる教授殿

……たかがひとりのユダヤ人だ……

いえ、それもまた違います。

私はいまでは——いえ、いまにしてはじまったことではなく——一貫して「脱ユダヤ化」ないしは私のユダヤ性を剥ぎ取られてもいるのです。[1]

その手本となっているのが、博士で教授のヴァルター・イェンス氏[2]による、「『ブルターニュのマチエール』（一九五九年刊の詩集『言葉の格子』収録）の解釈」におけるあのやり方です——あのやり方だけではなく、「天才＝狂気」というやり方でもあります。

昨日、あなたもご存知のフィッシャー社から私に届けられた（それと関わるあいさつの添えられた）六二年一月一四日の『フィエラ・レテラリア』[3]に、つぎの文章を私は読みます。

「フランスの詩人ジャン・ケイロールの友人ツェランには、キリスト教のインスピレーション技法と進歩的な傾向［……］が見られ、それらは、ランボーの土壌に根ざした神秘主義に満ちている。さまざまな幻覚、常軌を逸した推論など……」[*1]（強調は、私という幻覚者によります。）

私の脱ユダヤ化は、さらに他の仕方でもなされています――「間接的に」(たとえば、ズーアカンプ社のネリー・ザックスの帯文で[4]、イスラエル人(「イスラエル人を読め」)と関わる『メルクーア』誌の注記[5]において――私もヘブライ語を学んでいなかったことになっています――等々)。

ちなみにピントゥス氏は、最大限に贔屓にされている女性[6]と一緒になって誹謗している者、嘘偽りを流している者のひとりです。

ご立派な、ご立派なお仲間たち!

心からのあいさつを、あなたとあなたの奥様に送ります

あなたの

パウル・ツェラン*2

+友人にして……詩人……*3

1 引用符で括られた「脱ユダヤ化」という言葉で、ツェランはナチスたちの言葉の用法を想起させている。それに先だつ表現では、彼は「田舎医者」からのカフカの引用を暗示している。

2 テュービンゲン大学教授のヴァルター・イェンスとツェランはすでに一九五二年、バルト海沿岸のニーンドルフでのグルッペ四七の会合で知り合っていた。とはいえ、手紙のやり取りがはじまったのは、ふたりが

ヴッパータールの会合で再会したあとの、一九五七年からである。ツェランと繰り返した対話にもとづいて、イェンスは一九六一年六月に、ツェランにたいする嫌疑を晴らすはずの論考を発表した（ヴァルター・イェンス「ひとりの詩人にたいする軽率な非難」、『ディ・ツァイト』一九六一年六月九日）。その論考に詩人は満足しなかった。詩「ブルターニュのマチエール」の解釈は、すでに『メルクーア』三月号に掲載され、イェンスの著作『現在のドイツ文学』（ミュンヘン、一九六一年）に収録されていた。手紙のこの箇所は、それに先立って書かれていることと関連づけて読まねばならない。というのも、イェンスは彼の解釈において、あの作品の「キリスト教的ヴィジョン」とさまざまな連関を詳細に指し示す一方で、作者がユダヤ人であることに言及しないまま（したがって作者を、こういう状況のなかでツェランがそう受け取ったように、「脱ユダヤ化」しているの）だからである。「田舎医者」からのカフカの引用を背景に置けば、この詩のなかで語られている「傷」は「主〔イエス〕の傷」であるとするイェンスの解釈が、あまりに一面的なものだとツェランに思えていたに違いないことも明らかだ。「天才＝狂気というやり方」については、イェンスのテクストに直接は登場しない。とはいえ、おそらくツェランは、あの詩のなかの「二股に分かれた道」という言葉の解釈を暗示しているのだ。あの詩句についてイェンスはこう書いている。「どんなに確固としたものがあろうと、この道は、自分自身の名において歩まれはしなかった。砂利を敷く言葉、影を投げかける時間、それが道をはじめて歩み得るものとしたのだ。両手——それが歩んでいる影を認識しているのかどうか分からないが——はその道を指し示していた。誰の両手か？〔……〕キリストの両手、ブルターニュでしばしば遭遇する受難の彫刻の置かれた巡礼山の一部、それらが二股の道の印となっている。その道の目標を自我は、さまざまな形象がもはや秩序だって配列されるのではなくぐるぐる渦を巻いて、自我を急き立てる瞬間に、ふたたび達成するのである」（同上、一一六頁）。こういう記述と、イェンスが本の終わりに書いている、遠い昔の転換点の報告がオーバーラップするのである。「一九五二年、振子はとても大きく長期にわたって、もうひとつの方向へ揺れた。その反転の瞬間を私は記述できたと信じている。一九五二年の春、バルト海沿岸のシーンドルフでのことだった。グルッペ四七の会合が行なわれていた。［……］すると突然それが起こった。パウル・ツェランという名前のひとりの男（誰もその名前を知っていた者はいなかった）が、歌うように、とてもこの世のものとは思えない調子で、彼の詩を朗読しはじめたのである」（同上、一五〇頁）。

3 以下を参照――ダリオ・デ・トゥオニ「ドイツのアヴァンギャルド詩――パウル・ツェラン」。引用箇所は以下のとおり。「詩人ジャン・ケイロールの友人パウル・ツェランは、キリスト教的なインスピレーションと進歩的な方向をそなえた技法を有しているが、そこには、ランボーの土壌に根ざした神秘主義的な要素が満ち溢れている。幻覚、無秩序な議論、等々……」。

4 一九六一年に、ネリー・ザックスの詩集が『塵なき境への旅』というタイトルで出版された。帯文には、クルト・ピントゥスのつぎの言葉が引用されている。ネリー・ザックスは「詩篇作者および預言者たちとともにはじまった三千年にわたる血統の、さしあたり最後の、そしておそらくは決定的に最後の、ドイツ語の響きである」。手紙のあとの箇所から明らかなように、一九一二年からクレール・ゴルと知り合いだったピントゥスをツェランは「一緒になって誹謗している者」のひとりに数えていた。

5 念頭にあるのは、ズーアカンプ社で出版されていたイスラエルの詩人ダヴィド・ロケアの選詩集の広告。

ツェランも訳者のひとりとしてその広告で名前があげられている。その文面にはこう書かれている。「ヘブライ語の知識が欠けているため、ほとんどすべての翻訳は、著者とのきわめて密接なコンタクトのもとで成立した」。しかしツェランは、すでに子どものときから——そのことを彼は署名をつうじても示しているのだが——ヘブライ語を学んでいた。

6 一九六〇年に、「マンダ・デ・ポエット」(才能があって困窮している作家にあたえられる奨学金)の一部を得ていた、クレール・ゴルのこと。

*1 この部分はイタリア語のままで引用されている。注3にそのドイツ語訳が掲載されているが、かなり意訳調なので、ここではできるだけ直訳している。
*2 ツェランはこの署名をヘブライ語で記している。
*3 この部分もイタリア語。

13 アドルノからツェランへ

[フランクフルト・アム・マイン] 一九六二年一月二九日

親愛なるツェラン様
問題を先送りしないために、私はふたりの友人[1]に電報を打ちました。住所は下記のとおりです。

フレデリック・ゴルトベック
エミル・デュクロー通り一二番地　電話ＳＵＦ三五三〇

ルネ・レイボヴィッツ
サン＝ギヨム通り一四番地　電話リトレ九六－九〇

あなたのご都合がよろしければ、こちらで二月二六日にお会いする約束はそのままといたしましょう。カシュニッツ夫人もそのときフランクフルトにいるでしょう。ホルクハイマー[2]は、奥さんの七五歳の誕生日のために、あいにく不在ですが、あなたと知り合うのをとても楽しみにしています。

私は大急ぎでこれを書いています。ほとんど心ここにあらずという状態です。ですのでとても短い文面です。どうぞご容赦ください。

あなたとあなたの奥様、そして息子様に、心からのあいさつを、グレーテルからも送ります。

真に忠実なあなたの
アドルノ

1　指揮者、音楽批評家、そして文筆家（とくに『私たちの世紀の偉大な作曲家たち――フランス、イタリア、スペイン』ミュンヘン、一九七八年）であったフレデリック・ゴルトベックは、すでに二〇年来のアドルノの友人だった。ルネ・レイボヴィッチは一九二六年からパリに住んでいた。ヴァイオリン奏者としての研鑽を積んだあと、一九三一年から三二年にかけてアントン・ヴェーベルンのもとで和声学と対位法を学び、一九三三年にモーリス・ラヴェルのもとでオーケストラ用の編曲を学び、一九三六年から三八年までポール・デソーのもとで指揮を学んだ。第二次世界大戦後、レイボヴィッチは、作曲の教師、指揮者、文筆家として働いた。彼は、第二ウィーン楽派とその十二音音楽のために粘り強く力を尽くした。十二音音楽は彼自身の作曲した作品を規定してもいて、それによって彼は、フランスの傑出した十二音階音楽家のひとりとなっている。記念論集『証言――テオドーア・W・アドルノの六〇歳に際して』（フランクフルト・アム・マイン、一九六三年）に、レイボヴィッツは論考「作曲家テオドーア・W・アドルノ」を寄せている（以下をも参照――Frankfurter Adorno Blätter 7, S.55-62.）。

2　社会哲学の正教授で、フランクフルト・アム・マインの社会研究所の所長を長期にわたって務めていたマックス・ホルクハイマーは、この時点ですでに定年退職して、ルガノに住んでいた。彼はアドルノとの共著として『啓蒙の弁証法』を書き上げたが、ツェランはその本を所持していて、そこに無数の読書の痕跡を残している。おそらくツェランはゴル事件における支援をホルクハイマーからも得たいと考えていたのだろう。ホルクハイマーとの出会いはおそらく実現しなかった。

14　ツェランからアドルノへ

パリ、一九六二年一月二九日

親愛なる教授殿
二月二六日にフランクフルトであなたをお訪ねするという私の希望を、やはりいまは実現できそうにありません。主として学校のためです。五月半ばの前には、おそらくフランクフルトに行くことができます。[1]
一月二一日および二三日付の私の手紙のなかでふれました記事（『ドイチェ・ツァイトゥング』六二年一月一三／一四日号におけるシュレーアス－ダイバー－ベンダーと『タート』六二年一月二〇日号におけるカール・クローロ）についてのあなたのお考えを、なにかの折にどうか私にお伝えください。あれらについて、カシュニッツ夫人が何行かでも書いてくだされば、幸いに存じます。
心からのごあいさつをあなたとあなたの奥様に、
あなたの
パウル・ツェラン

1　ツェランは、クラウス・ヴァーゲンバッハ（当時、S・フィッシャー社勤務）およびジークフリート・ウンゼルトと話し合うために、一九六二年の五月の終わりになってようやく、フランクフルトに赴いた。

15　アドルノからツェランへ

［フランクフルト・アム・マイン］一九六五年二月二六日

親愛なるツェラン様

来週パリに行き、[1] 一〇日ほどだけ滞在します。お会いできることを心から願っています――あまりに厚かましいことだとお思いにならなければ。おそらくいちばんよいのは、三月四日木曜日の午前中、だいたい一〇時ごろに、ロン・ルワヤル・ホテルにお電話をいただくことです。

差し当たり、あなたと敬愛するあなたの奥様に、心からの感謝と愛を

あなたの、昔ながらの

アドルノ

1　来週パリに行き――アドルノはゲーテ協会の招待でふたつの講演を行なうために一九六五年三月三日から一二日までパリに滞在した。彼はそこで、ベケット、レイボヴィッチ、エリザベス・レンク、ハインツ＝クラウス・メッガーと会った。パウル・ツェランとは会わなかった。

16 ツェランからアドルノへ

パリ、一九六八年一月二五日

親しく尊敬する教授殿、

コレージュ・ド・フランスでのあなたの講演のあと、[1] すぐに私はラインラントへ行かなければなりませんでした。週末をそこで過ごしましたが、あなたのゲオルゲ講演[2]に間に合うように、月曜の午後には戻ってきました――けれども、とても疲れていて、やはり行くことはできませんでした。どうかお赦しください――私自身、自分を赦せないのですが。

あなたと間もなく再会できることを希望しつつ、心からのあいさつと願いをこめて

あなたの

パウル・ツェラン

1 アドルノは一月一二日にコレージュ・ド・フランスで講演「芸術と諸芸術」を行い、ツェランはそれを聴いた(これについてはつぎの手紙の注も参照)。一月一三日にツェランはボンで朗読を行なった。

2 以下に収録――GS 11, S.523-535.〔アドルノ『文学ノート2』前掲、二五八－二七七頁〕

17　アドルノからツェランへ

［フランクフルト・アム・マイン］一九六八年二月九日

親しく尊敬するツェラン様

あなたの手紙ほど私を喜ばせた手紙はありませんでした。あなたにその理由を説明しなければなりません。

あなたはそもそもコレージュでの私の講演を聴かれていたのですか？　一方で私はそれをうれしく思うとともに、他方ではいくらか困った気持にもなります。といいますのも、あのテクストは、スタロバンスキイとベッシェンシュタインによるほんとうにすばらしい翻訳[1]とはいいながらも、元々はドイツ語で書かれ、『模範像なしに』[2]に収録されているものです。当然ながら私には、私の考えを、やはり私自身の言葉で表現された形であなたに知っていただくことが大事だと思えるのです。

私がパリにいる週のあいだ、あなたはずっと不在にされていると、私はただちに聞かされていたのです。私たちの行き違いはかえすがえすも残念なことでした。帰路、一七日に私はケルンに立ち寄って、そこでベケットについてのテレビ討論[3]に参加していたのですから、なおさらそうです。ところで、あなたはこちらの企画のことをご存知でしたか？　私はふさわしい場所はゲーテ協会だろうと考えて、自分なりに手筈を整えたのです。そこでは、ベケットについてもとても詳しいヘニウスさん[4]が私の歌曲のいくつかを歌ってくれました——ひょっとしてあなたはあの場にいらっしゃいましたか？

あなたの抒情詩について永らく計画している自分の論考、[5]『言葉の格子』を引き合いに出すことになるだろう論考を、しかるべき時期に仕上げ、ラジオ・チューリヒの企画のもとテアター・アム・ヘフトプラッツで二月二五日に朗読することを望んでいました。しかし、学期末の数週間のあいだ私にのしかかって来た、無意味で、大部分は不毛な重圧のために、仕上げることができませんでした。数えきれないぐらいの試験を行い、無数の会議に出席しなければならないということ、それは、私の職業の定義からして仕方のないことですが、やはり、最悪の意味で役割めいたもの、そしてまったく不適切なことと、私には思われてなりません。とはいえ、息をつくことができさえすれば、すぐにあの論考を仕上げようと思っています。長いあいだ計画してきたものです。その構想は、共同で「エングフュールング」について行なった、ペーター・ソンディのベルリン自由大学のゼミナール[7]での研究会と直接結びついています。私が言おうと思っていたこと、そしてきわめて難しくなるだろうことを、あの詩だけに即して語るのか、詩集全体に即して語るのか、私はまだ見通すことができませんが、やはり後者の道をたどることになりそうだと考えています。

この間に、美学に関わる私の本[8]が粗い草稿の状態で出来上がっています。とはいえ、「粗い」という言葉には、ここでは重いアクセントが置かれねばなりません——廃墟同然のありさまで、結末を見通すことはまだ不可能です。

ズーアカンプ社から、『否定弁証法』があなたにいくらかの印象をあたえた、[9] というとてもうれしい知らせがありました。わが意を得たりの思いだったと、あなたに打ち明けねばなりません。

友情をこめて
つねにあなたの
テディ・アドルノ

1　「ジュネーヴ国際会議」のために、ジャン・スタロバンスキイとベルンハルト・ベッシェンシュタインがアドルノの講演「芸術と諸芸術」をフランス語に翻訳していた（以下に印刷されている――L'art dans la société d'aujourd'hui. Textes des conferences et entretiens organizes par les Rencontres internationals de Genève 1967, Boudry-Neuchâtel 1968, S.39-57.）。ベッシェンシュタインは一九六五年からジュネーヴ大学のドイツ語・ドイツ文学の正教授であって、一九五九年以来ツェランの友人だった（とくに以下を参照――Bernhard Böschenstein, Gespräche und Gänge mit Paul Celan, in: Paul Celan, Zwei Reden, Marbach a.N. 1990, S.7-19.）。アドルノについての彼の思い出については以下を参照――Bernhard Böschenstein, Souvenirs d'Adorno, in: Revue des Sciences Humaines, No. 229, Jan.-Mars 1993, S.137-143. スタロバンスキイもジュネーヴ大学の教授でツェランの知り合いだった（以下を参照――Jean Starobinskii, Lecture Publique, in: La Revue de Belle-Lettres (Genf), Jg. 96, 1972, Nr. 2/3, S.99f.）。

2　ツェランはアドルノの本『模範像なしに――美学小論集』（フランクフルト・アム・マイン、一九六七年）を所持していて、比較的長期にわたったパリでの入院中にそれを読んでいた。その一冊にはいくつかの線引きが見られ、本文の終わり、一八一頁には読書の日付（一九六七年五月八日）が書かれている。アドルノがパリでも行った講演「芸術と諸芸術」には、アドルノがアウシュヴィッツ以降の芸術に言及し、ツェランが印を付してもいる、つぎのような一節が登場する。「さまざまな芸術を解きほぐれさせることは、芸術を間違った形で没落させることです。芸術が仮象という性格を切り離しがたく有していることは、経済的・政治的現実の優位に直面すれば、スキャンダルとなります。そういう現実は、いまだ理念としてある美的な仮象を嘲笑の対象へと変容させます。なぜなら芸術は、美的な内実を現実化する見通しをもはやあたえることができないからです。〔……〕状況は芸術をもはや許容しない一方で――アウシュヴィッツ以降、詩は不可能になったという命題が照準していたのは、そのような事態でした――状況はやはり芸術を必要としています。といいますのも、あらゆる芸術作品のなかにはユートピアが暗号で書き込まれていて、そのユートピアが実現された暁には、芸術が消失するような図像なき状態が訪れるはずですが、図像なき現実はそのような図像なき状態とは、完全に正反対のものとなっているからです。だからこそさまざまな芸術はたがいを貪り合っているのです」。〔アドルノ『模範像なしに――美学小論集』竹峰義和訳、みすず書房、二〇一七年、二三二―二三三頁〕

3　一九六八年一月一七日ケルンで、テレビのための討論が、アドルノ、ヴァルター・ベーリヒ、マルティン・エスリン、ハンス＝ゲエルト・ファルケンベルク、エルンスト・フィッシャーのあいだでなされた（以下に印刷されている――Frankfurter Adorno Blätter 3, München 1994, S.78-122.)。

4 五〇年代、六〇年代の新音楽において新たな芸術的刺激をあたえたオペラ歌手カルラ・ヘニウスは、パリのゲーテ協会のある催しで、アドルノの歌曲を歌った。ツェランは一九六七年一月、パリのゲーテ協会の夜の催しでクレール・ゴルを見かけて以来、その協会の建物や催しには足を向けないままだった。

5 アドルノはツェランに彼の抒情詩についての論考を約束していた。詩人はおそらく、詩集『言葉の格子』を送った時点で哲学者〔アドルノ〕が自分の抒情詩についての論考を書くことを期待していた。それは彼にとってとても大事なことだったので、アドルノに繰り返し(ある場合には友人を介して)そのことを思い出させた。アドルノの『美の理論』の補遺に、ツェランの創作についての一節が見られる。それを彼はおそらく自分の本の原稿のなかに組み入れるつもりだった。それはここで語られている「永らく計画している自分の論考」のためのメモ書きときっと関係しているに違いない。補遺の注釈は、この往復書簡の付録として印刷されている。それは、ツェランの抒情詩について残されている、アドルノの唯一の批評だからである。

6 アドルノは一九六八年二月二五日に、チューリヒのテアター・アム・ヘヒトプラッツでルドルフ・ボルヒャルトについての講演を行い(以下を参照――GS 11, S.536-555.〔アドルノ『文学ノート 2』前掲、二七八―三〇〇頁〕)、それはそのままラジオ・チューリヒから放送された。フランツ・ヴルムがアドルノを招待し、アドルノは当初、ツェランの詩集『言葉の格子』について語るつもりだったが、その後、ボルヒャルトについての講演を行なうことに決めた(これについては以下を参照――Paul Celan-Franz Wurm, Briefwechsel, hersg. von Barbara Wiedemann in Verb. mit Franz Wurm, Frankfurt am Main 1995, S.135 f.)。

7　一九六七年の夏学期に、ソンディは秘教的な詩（マラルメ、エリオット、ツェラン）についての上級ゼミナールを行い、その最後の三回で、彼は学生たちとともにツェランの「エングフュールング」について語った。アドルノは一九六七年七月七日、ベルリン自由大学の大講堂で、講演「ゲーテの『イフィゲーニエ』の古典主義について」を行い、それに先立ってソンディのゼミナールにも参加した。『美の理論』におけるツェランの抒情詩についての彼の叙述は、いずれにしろ、ベルリン大学でのソンディのゼミナールの明瞭な痕跡を示している。

8　アドルノ『美の理論』フランクフルト・アム・マイン、一九七〇年。一九六八年の初頭、この本の粗い原稿を仕上げていたが、その本は、哲学者が最後の仕上げを施すことができないまま、ようやく一九七〇年、著者の没後に出版された。ツェランは一九六七年の夏学期、当時の彼の担当だったクラウス・ライヒェルト[*1]とともに、美学についてのアドルノの講義を聴講した。アドルノはツェランを学生たちに、現代のもっとも重要な詩人ならびに翻訳家のひとりとして紹介した。そして、詩人がその場にいることによって、アドルノの講義テクストも変容することになった。ツェランは聴衆からきわめて高い敬意を払われた（この情報について、教授のクラウス・ライヒェルト博士に心から感謝いたします）。

9　彼の本のなかで、アドルノはアウシュヴィッツ以降の抒情詩についての彼の命題を修正するとともに具体化して、こう書いている。「来る日も来る日も続く苦しみには、拷問されている者の発する呻き声と同じだけの表現への権利がそなわっている。したがって、アウシュヴィッツのあとで詩は書かれ得ないというのは誤りだったかもしれない。とはいえ、もっと非文化的な問い、アウシュヴィッツのあとでなお生きることが許されているのか、という問いは誤りではない」(GS 6, S.355.〔アドルノ『否定弁証法』木田元ほか訳、作品社、一九九六年、四四〇頁〕また、これについては以下をも参照──S.354-361.〔同上、四三八──四四四頁〕。このような箇所はツェランにとって重要であるとともに——いっそう苦い意味において——真実であった(真実となった)だろう。

＊1　ライヒェルトは当時インゼル社の編集者だった。

●付録●

ツェランについてのメモ書き

(『美の理論』GS 7, S.475-477.〔アドルノ『美の理論・補遺』大久保健治訳、河出書房新社、一九八八年、一一六‐一一八頁〕)

芸術作品を経験的現実にたいして気密状態に置くことが、秘教的な文学においては、明瞭な綱領となった。優れた性質をそなえたその形象のひとつひとつを前にするなら——念頭にあるのはツェランである——実際にそれがどの程度秘教的であるかと問うことは許されているだろう。ペーター・ソンディの注釈によれば、そういう形象の閉鎖性は理解不可能性を意味してはいない。そうではなくて、秘教的な詩と社会的なさまざまな契機の連関が想定されるべきなのだ。高度に産業化された社会のもつ統合力によってその成員のなかで統合されている物象化された意識は、その素材内容や情報価値と呼ばれるもののゆえに、詩における本質的なものを受け取ることができない。そもそもひとびとがいまなお芸術的な達成をかろうじて得ることができるのは、擬似的な科学がコミュニケーションと呼んでいるものに一撃をくわえる、ショックをつうじてのみである。芸術の側としては、それが完全無欠でいられるのは唯一、コミュニケーションに関与しない場合なのだ。もちろん、秘教的な振る舞いを直接的に動機づけているのは、創作されたものを素材内容や種々の意図から切り離そうとする、増大する強制的な力である。この強制的な力は、省察の領域から文学の領域に波及してきたものである。文学は、自分がそのために存在している当のものを、自分の支配下に取り込もうと努めているのであって、それは同時に、文学の内在的な運動法則に適合してもいる。秘教的な文学という構想はユーゲント様式の時代に懐胎し、秘教的な文学はそこで力を発揮していた様式意志という概念といくらかのものを共有している。したがって、秘教的な文学はつぎのような文学と見なされるかもしれない。すなわち、通常は歴史をつうじてはじめて作りあげられたものとして文学から現われ出てくるものを、自分自身の内部から生み出そうとしている文学である。そこには、意図を強調された内容に転じようとする、妄想的な契機もそなわっている。以前に芸術において、意図的に目指されることなしに生じていたかもしれないことが、秘教的な文学においては主題化され、文学それ自体によって扱われているのである。そのかぎりにおいて、ヴァレリーの言う、芸術作品の創造とその創造過程にたいする省察のあいだの相互作用は、すでにマラルメにおいて先行的になされている。芸術に疎遠なものいっさいを放棄する芸術というユートピアのゆえに、マラルメは非政治的だったのであり、だからこそきわめて保守的だったのだ。とはいえ彼は、こんにち保守的なひとびとがこぞって口にするもったいぶったお説教を拒絶して、政治的な対極に位置するダダイズムと接点を持っていた。実際、両者を結ぶ文学史的中間項も存在しているのである。マラルメ以来、八〇年を越えるその歴史のなかで、秘教的な文学はその姿を変えてきたのであって、それはまた、社会の持つ傾向にたいする反応でもあった。すなわち、象牙の塔といった決まり文句では、窓なき形象を扱うことはできないのだ。美しい詩句のため、あるいは完璧な複合文のために、世界は創造されたのだと説く、あの芸術宗教の、視野の狭い、自暴自棄な横溢に、秘教的な文学は出発点においては付き纏われていた。同時代のドイツの、抒情詩の秘教的な作品のもっとも重要な代表者パウル・ツェランにおいては、秘教的なものの持つ真理内容がその向きを反転させている。その抒情詩は、経験にたいする芸術の恥じらいとともに、その手を擦り抜ける苦悩を昇華してしまうことへの芸術の恥じらいによって、すみずみまで浸透されている。ツェランの詩は、言語を絶した恐怖を、沈黙をつうじて語ろうとする。その真理内容自体がある否定的なものとなっているのだ。彼の詩は、人間のうちの見捨てられたひとびとよりもさらに下方に位置する言語、それどころかあらゆる有機的なものよりもさらに下方に位置する言語、石や星といった死せるものの言語を模倣するのである。有機的なものはその最後の残滓にいたるまで除去されている。その抒情詩はアウラなき抒情詩であると指摘してベンヤミンがボードレールに即して描き出した事態が、その真相に達しているのだ。ツェランが徹底して行使している際限のない秘儀性は、彼の力の源となっている。命なきものの言葉が、あらゆる意味を喪失した死にたいする、最後の慰めとなるのである。無機的なものへの移行は素材のモチーフに即して追跡され得るだけではない。密封された形象において、恐怖から沈黙にまでいたる軌跡を再構成することも可能なのだ。カフカが表現主義の絵画とともに行なったことと遠くで呼応しながら、ツェランは、風景を無機的なものに近づける対象化という手続きを、言語の過程に移しかえているのである。

「真実なる投壜通信」

――テオドーア・W・アドルノとパウル・ツェランのあいだの関係について

ヨアヒム・ゼング 著／細見和之 訳

テオドーア・W・アドルノとパウル・ツェランのあいだの往復書簡はささやかなもので、簡単に見渡すことができる。詩人と哲学者の手紙のやり取りに、ひとはさまざまな期待を結びつけることができると考えたかもしれないが、一見したところ、わずかの文書さえそんな期待を満たしてくれそうにない。とはいえ、行間を読むすべを心得ている者なら、多くのことを発見するだろう。それは、戦後ドイツの文化を代表するこのふたりの、これまで不思議にも暗闇に閉ざされていた関係を、いっそう正確な光のもとに置くことだろう。

両者の個人的な関係は——これ自体、不思議なことなのだが——ある「実現しなかった出会い」とともにはじまる。ツェランが彼のビューヒナー賞受賞講演「子午線」の決定的な箇所で想起しているこの言い回しは、ささやかな往復書簡にモットーとして掲げることもできただろう。その往復書簡自体、多義的な意味において、「実現しなかった出会い」の雄弁な証言となっているのである。詩人の最初の書簡は、彼が手紙の相手をユダヤ人の知識人として捉えていたことを、明瞭に示している。ツェランにとってアドルノとは、ドイツに帰還した知識人であり、ヴァルター・ベンヤミンとゲルショム・ショーレムの友人であり、ひとりのユダヤ人、ひとりの同盟者であって、この同盟者は、ゲオルゲ、ハイネ、カフカ、シェーンベルク、ヴァレリーについて書き、戦後ドイツの発展に批判的に伴走していたのである。

ツェランが抱いていたイメージにアドルノが合致していなかったということ、そのことは詩人にとって苦い失望であったに違いない。とりわけ、彼の詩人としての仕事にたいするこの哲学者の公的な発言は、クレールによってなされていた彼の人格にたいする中傷キャンペーンのさなかにおいては、大きな意味を有していたはずであるだけに、なおさらそうである。「山中での対話」のウィーンの友人ラインハルト・フェーダーマンにたいする献辞（「シルス・マリアの思い出に。私はそこでアドルノ教授と出会うことになっていました。彼はユダヤ人だと私は思っていたのですが……」）[1]がこの失望を示しているように、自分ではなくショーレムこそがほんとうの「大きなユダヤ人」である、というアドルノの発言もまた、ツェランの散文テクストにたいする無理解を示している。[2]

とはいえ、ときおり言い伝えられてきた、アドルノに関するツェランの悪意のある言葉を、私たちは過大に評価してはならない。確かにツェランは、一九六五年一月の「お母さん、お母さん」[3]という詩のなかで、アドルノを「中傷者」のひとりに数えていた（「深淵的にではなく／むしろ草原《ヴィーゼングリュンディヒ》的に、／彼ら、あの／繰り返しの輩は、あなたのことを／書くのです／ナイフの前に／突き／出して」）。そして、アドルノが――ツェランの信じるところでは――意図的に、ユダヤ人である父親の姓ヴィーゼングルントを隠したということについて、ツェランは侮蔑的に語っていた。とはいえ、このように不当で、意図的に相手を傷つける発言は、六〇年代のツェランにおいては、親友にたいしてすら、例外というよりもよくあることだった。

ツェランの怒りは、一九六二年の書簡類を一瞥すれば、おそらくもっともよく説明されるだろう。

それらの書簡は、アドルノが近くにいて、判断し、援助してくれることを、ツェランがどれほどもとめていたかを示している。その率直さによって、また、中傷キャンペーンの反ユダヤ主義的側面を強調することによって、それらの書簡は、知識人でありかつユダヤ人である者としてのアドルノに語りかけることがツェランにとってどれほど重要であったかを示している。一九六二年一月二六日の、発送されなかった書簡に、彼はヘブライ語でさえ署名している――おそらくは、アドルノがその言葉を読むことも、書くことも、話すこともできないことを知らないまま。

アドルノはおそらく、まさしくこのもとめられている近さにたいして、ツェランに距離を置いていた。相手の期待の大きさを明らかに彼は感じ取って、こちらが差し出す用意のあるものよりも多くをツェランはもとめている、と感じていた。そのことを特徴づけているのは、アドルノが約束したのは論文だったにもかかわらず、自分の詩についての本を書いてほしいという、詩人の側の強い要求である。アドルノはツェランの詩人としての意義をよく理解していた。彼にとってツェランは、ベケットが演劇と小説の分野で実現したことを、抒情詩において成し遂げていた。アドルノは、当時パリに暮らしていたふたりの詩人を出会わせようとさえ心がけて(一九六一年三月一〇日付の書簡)、その試みに失敗していた。パウル・ツェランという詩人の人格は彼には奇妙なまでに不可解なままで、ときには不気味でさえあったように思われる。

とはいえ、両者の関係は、ゴル事件が激化する時期を越えて続いてゆく。おそらくは、その関係がそれほど密接なものでなかったがゆえに、またとりわけ、ツェランが――興味深いことに、ハイデガーとの関係の場合がそうだったのと類似した形で――ここでも人格と仕事を区別することができたがゆえに。ツェランはアドルノの仕事を高く評価していた。ツェランの詩はアドルノにいくつかのものを負っていた。詩人が、新しい詩集『言葉の格子』の出版の直後に、哲学者と会おうとしたのも、偶然ではない。まさしく五〇年代にドイツのもっとも重要な雑誌に掲載されたアドルノの著作を、ツェランは注意深く読んでいた。そのことを示しているのは、彼の蔵書のなかの印刷物や本のなかでの無数の線引きだけではない。彼の作品とアドルノの著作の照応関係もまた、そのことを示している。『言葉の格子』の「いっそう不分明な言葉」、とりわけ、長大な巻末の詩「エングフュールング」、「死のフーガ」を新たな詩的方法によって書き直したあの作品もまた、そのことを証言している。ここで新たな道を切り開いているのは変容された美学であって、その美学は、アドルノのテクスト、あるいは、ツェランもまた不当な判決と誤って解釈していた、アウシュヴィッツ以降の抒情詩の野蛮性に関するアドルノの言葉にたいして、反応しているのである。自分の誤解された言葉を正確に述べようと試みているアドルノの発言を、ツェランはとても注意深く目に止めていた。そのことを、往復書簡もまた示している。たとえば、アドルノの論考「かの二〇年代」を念頭においてツェランがこう書いている箇所である。「『メルクーア』の最新号であなたのエッセイを読みました。その結びの文章とともに、距離を跳び越えて、あなたの人柄が身近なものとなり、語りかけ得るものとなりました」。同様のことは、ツェランが読んだことが確かである、論文「アンガージュマン」（一九六二年）、『否定弁証法』（一九六六年）、講演「芸術と諸芸術」（一九六六年）におけるアドルノの発言にもあてはまる。往復書簡に書き留められているとおり、パリのコレージュ・ド・フランスにおいて一九六八年一月一二日、ツェランはアドルノの講演を聴いてさえいたのである。

ツェランの「山中での対話」

アドルノ宛の一九六〇年五月二三日付の書簡でツェランが強調していることだが、「山中での対話」はビューヒナー賞の「前史」の一部である。この特別の、そして風変わりなテクストの理解を助けてくれるものとして引き合いに出せるものは、ツェランの全著作のなかでも見あたらない。注意深い読者なら、文献的な暗示によって密に織り込まれたテクストの織物をここで相手にしていることが分かるだろう。ほんのわずかのものを挙げると、ビューヒナーの「レンツ」、カフカの掌篇「山への遠足」、ニーチェの『ツァラトゥストラ』、ブーバーの「山のなかでの対話」が、ツェランの散文物語において、サブテクストとして存在していて、その散文物語は、そのタイトルが約束しているとおり、山中でのひとつの対話なのである。とはいえ、それはふたりのユダヤ人のあいだの対話、言葉の、アウシュヴイッツ以降の言葉の、深淵と断層についての対話である。テクストのどの箇所においてもショアー〔ホロコースト〕には直接言及されていないが、ショアーは独特の仕方でつねに現前している。ツェラン自ら、「対話」の形式と内容をつうじてこの印象を強化していて、この散文物語の成立史ないしは出版史もまた、このテクストが「……アウシュヴィッツのあとで詩を書くことは野蛮である」[4]というアドルノの命題にたいする態度表明として読まれねばならないことを、強く示唆している。したがって、この物語の登場人物がテクストにおいては名前を持たないままであるとはいえ、ツェラン自身は、ここで虚構をつうじて、しかしまた現実的な関係もゆたかな背景にして、「ユダヤ人クライン〔小さなユダヤ人〕」ツェランの「ユダヤ人グロース〔大きなユダヤ人〕」アドルノとの出会いを描いているということを、まったく隠してはいなかった。[5] このことは、この対話において問題になっているのがアウシュヴィッツ以降の言語と詩作の可能性であることを、明瞭に指し示している。

ツェランは「山中での対話」をそれなりの根拠をもって自分とアドルノの「チューチュー語り〔ネズミの語り＝イディッシュ語なまりのドイツ語〕」と特徴づけているのだが、それは彼のユダヤ文化への信仰告白であるとともに、同時に彼の言語理解の注釈でもある。このテクストのツェランにとっての意義をとても雄弁に語っているのは、彼の原稿審査係りであったルードルフ・ヒルシュ宛の、一九五九年一〇月九日付の書簡である。その書簡は、ギュンター・ブレッカーによる詩集『言葉の格子』にたいする悪意のある書評の掲載と直接関わって成立したものだ。そこでツェランはこう書いている。

トラウマとあなたは以前、おっしゃいました……トラウマ——おそらくはスティグマでもあるでしょう……あるいはまた、良心。あるいは、またたんに、眠ることができないこと、でも、ときには……

あなたはご存知でしょうか——いえ、きっとご存知でしょう、レオ・シェストフのあの本を［……］、パスカルの言葉「イエスは世の終わりまで苦悶されるだろう——そのあいだ、眠ってはならない」〔仏語〕に熟考をくわえた、ユダヤ人の本です。

ここに小さな散文が登場します。スイスから帰還後、八月のはじめに書いたものです。ブレッカーの記事——それはゲッベルスのものでもあり得たでしょう——は、その散文が「ぴったり」であることを示しています。タイトルもその光を浴びているユダヤドイツ語〔イディッシュ語〕もまた正しいのです。[6]

こういう背景のもとで、ルードルフ・ヒルシュは「対話」を『ノイエ・ルントシャウ』に掲載することを決定したのだった。この書簡は、一九六〇年五月のアドルノ宛の文書の注釈のように読める。ふたつの書簡のあいだに存する半年のあいだに、状況はツェランにとっていっそう不快なものとなっていった。なるほど、その間に、「言語と創作のためのドイツ・アカデミー」は、ビューヒナー賞をツエランに授与することを決定していたが、クレール・ゴルによる中傷キャンペーンも、雑誌『バウブーデンポエット』に忌まわしい誹謗文書を掲載したあと、新たな次元に到達していた。こういう背景のもとで、アドルノ宛の書簡が登場するのである。その書簡とともに、彼は「シルスのあなたがたの方を眺めやった小さな散文」を送る――「実現しなかった対話」への、こんにち的なものへのアクセントを置いた注釈として、「ユダヤドイツ語の」タイトルへの指示として、また、ユダヤ的なスティグマ（「徹底的に鍵鼻めいたもの」）への指示として。というのも、これにたいして強調して付け加えておく必要のあることだが、一九六〇年五月の書簡とそれへのアドルノの応答によって、虚構としての「山中での対話」の現実としての続行がなされているからである。「ユダヤ人クライン」ツェランが「ユダヤ人グロース」アドルノにここで打ち明けていることは、以下のような確信だからである。すなわち、他なるもの、疎遠なもの、スティグマ化されたユダヤ的なもの（曲ったもの、鍵鼻めいたもの）は、この「第三のもの（そしておそらくは沈黙したものも）がひょっとしてふたたびまっすぐになり得る」ためには、受けとめられ、語りかけ得るものであり続けねばならない、という確信である。このころちょうど仕上げをはじめていたビューヒナー賞受賞講演のノートのなかで、彼の詩人としての語りにおいて重要なこの思想を、「山中での対話」との関連で、ツェランはふたたび取り上げていた。ある箇所では、アドルノ宛の五月の書簡をはっきりと引き合いに出してさえいる。

ここですでにそのタイトルからして「ユダヤ〔イディッシュ〕的」な「〔山中での対〕話」が登場する。その涙を、ガス殺された、アーモンドの目と下腹部をそなえた、魅惑的な幼い王女にだけ注ぐ準備をしている〔ひとびと〕にとっては、鍵鼻めいたものであることを、私は知っている。とはいえ、私はおそらくこう名づけることもできるだろう、第二の鍵鼻性、獲得された隔世遺伝と。

そこにはなお第三の者も居合わせている。証人〔仏語〕、言葉の恩寵についての、その意に反した証人〔仏語〕。彼は、灰色の髪で立ち尽くして、もっぱら金髪の者のことを語る。[7]

もっと一般的に、自分の詩作と明瞭に関連づけて、このすこし先でツェランはこう表現している。

アーモンドの目をした美人だけに哀悼の涙をこぼす準備のある者は、彼女を殺しもする。そして、彼女を、アーモンドの目をした美人を埋葬する。もっぱら、もう一度深く彼女を忘却のなかへと追いやるために。——お前が、お前のもっとも固有の痛みをもって、トレブリンカ、アウシュヴィッツ、その他の、鍵鼻の、せむしの、チューチュー語りの、醜い死者たちのもとへ赴くとき、はじめてお前は、その目と形相、すなわちアーモンドにも出会う。x／——主題ではなく、休止と間合い、むしろ黙した息の中庭、むしろ絶息が、詩においてはそのような出会いの真実性を保証している。

〔……〕

x／ 美、それはここ（で同時に）確かに名指されるべきだろう。それは、そのような出会いの真実において、ある沈黙したものとして現われ出る。[8]

アドルノが返信のなかであのテクストのユダヤ的な要素についてまったく立ち入らず、もっぱら詩的な内容について述べようとしているのにたいして、詩人とシルス・マリアで実際に出会い、「山中」で対話を交わしもしたペーター・ソンディは、テクストの意味（そしてまたそのアドルノへの関係）をよく理解していた。ヒルシュ宛のある書簡において、彼はのちにこう振り返っている。「来週、ツェランの散文作品についてたっぷり考えなければならないでしょう。目下のところ私には、きわめて個人的なこと（私のユダヤ文化、シルスでのツェランとの散歩の思い出、異国の自然を前にしての何分間にもわたる沈黙）を越えて、あの作品について何かを語るのは、困難です」。[9]

アドルノとツェランの関係において、ソンディは重要な仲介者の役割を果たすことになる。シルス・マリアにおける最初の出会いを手配しようとしたのも彼だったし、何年かのちに、秘教的な詩についての自分の上級ゼミナールによって、ツェランの抒情詩についてのいくつかの考えを書き留めるようアドルノに促したのも、彼だった。

ここで、「エンガディーンにおける実現しなかった出会い」の時間的な流れにいくらか注意を向けておくことが、当を得ているだろう。一九五九年六月二一日、ソンディがツェランに、シルス・マリアに来る気はないか、問い合わせていた。その問い合わせは、ちょうどよいときに届いた。ツェランは、それでなくてもスイスに行きたいと思っていたからである。そこで彼は誘いに応じて——チューリヒに短期間滞在したあと——七月のはじめにシルスに向けて出発する。シルスで彼は家族とともにペンション・シャステに宿泊する。そこで彼は——これもまた彼にとって重要な日付のひとつだが——ヴァレリーの「若きパルク」の翻訳を終え、その後、七月二三日に、妻、息子のエリックとともに、ふたたび帰路につく。それからたっぷり一週間もあとになって、アドルノはシルスに到着した。そこで彼は、グランド・ホテル・ヴァルトハウスの一部屋に身を置いた。「ユダヤ人グロース」であるアドルノはグランド・ホテル、「ユダヤ人クライン」であるツェランはささやかなペンション・シャステ。こんにちでも、そのペンションの来客名簿において、一九五九年七月二二日の日付で、詩人とその家族の名前を見ることができる。そして、そのことはまた、ツェランが何を重視していたかを分かりやすいイメージで伝えてくれる。すなわち、ほとんどこう思えるのだ、彼は旅立つ前日に来客名簿に記帳することで、シルスに自分が滞在していたことを後世に示そうとしたのだと。

以上が、とてもゆたかな詩的果実をもたらしたあの「実現しなかった出会い」の大雑把な輪郭だが、時間の流れにもうすこし長くこだわるだけの価値がある。さまざまな日付は、拾い集めてみるならば、「山中での対話」に関わる細部を教えてくれる。論考「ヴァレリーのさまざまな逸脱」が事後的にツェランに捧げられたのは、この点からは、「山中での対話」にたいするアドルノの感謝として理解されるが、同時にそれはまた、詩人が「若きパルク」の翻訳をシルス・マリアで仕上げたことの反映として理解することも可能となる。その翻訳はツェランにとってきわめて重要なものであって、一九六〇年一月、両者がフランクフルト・アム・マインではじめて出会ったとき、ツェランはそれを朗読したのである（一九六〇年三月二一日付の書簡、参照）。ヴァレリーのメモとアフォリズムに関する批評であるアドルノのテクスト[10]は、一九六〇年初頭に『ノイエ・ルントシャウ』に——まだツェランへの献辞抜きで——初出掲載されたものだが、冒頭すぐに「子午線」という言葉を引き合いに出している。これは、すぐにビューヒナー賞受賞講演のなかでツェランにとってきわめて重要となる概念である。

ツェランがシルスを立ち去ったのが、アドルノと会いたくなかったからなのか、家族の事情がそれを余儀なくさせたのか、明確な形で語ることはできない。とはいえ、すでに七月一〇日の時点で、出発日が彼には確定していたことは確かである。したがって、このアドルノとの「山中での対話」をそもそも〔虚構の形で〕遂行できるように、詩人がシルスを立ち去ったと考えても、けっして見当違いではない。彼のビューヒナー賞受賞講演でのこの出来事にたいする言及、彼がその思い出を組み込んでいる文脈、彼が紙に書き留めたのが「実現しなかった出会い」であって、それが重要だと彼が強調する際のその語り方、それらはそれ自体で真相にふれており、この推測をきわめて真実と思わせてくれる。詩作が果たすべきことを「不在としての記憶」[11]とツェランは一度書きつけ、それによって、なぜアドルノとの出会いが「実現しなかった」出会いであらねばならなかったかを暗示してもいる。もっぱら相手との虚構的な対話という形で、その出会いは、現実でのはじめての出会いに先立って、生じることができたのだ。というのも、厳密に受け取るならば、「山中での対話」はひとつの自己対話〔独白〕だからである。ここで語っているのはふたつの主体ではなく、たがいを必要とし、たがいに関係づけられているふたつの声である。ここで詩が打ち明けているのは——テクストに書き留められている とおり——その対話的性質であっても、それは最終的には自己との出会いに行き着くのである。

ビューヒナー賞受賞講演と詩集『言葉の格子』

ビューヒナー賞受賞講演の文脈において、ツェランはこの連関をいっそう明瞭に際立たせた。「山中での対話」がいまや中心箇所で名指されるのは、けっして偶然ではない。すでに示唆したとおり、この散文テクストが公表され、アドルノに送付された時期は、ゴル事件が、記事「パウル・ツェランについての知られざること」の掲載と、西ドイツの新聞によるそのキャンペーンのいそいそとした「利用」によって、新しい、恐るべき段階に達した時期に相当していた。[12] この状況のなかで詩人はまた、一九六〇年九月に『ノイエ・ルントシャウ』で公表された「反論」[13] に署名することをアドルノにもとめようとも考えていた。その雑誌の前号にはツェランの「山中での対話」が掲載されていた。そのテクストは、その掲載の時期によって、成立から一年後のいまや、詩人にとって新たな意味を獲得していた。そのことをツェランは実際、一九六〇年五月の書簡でアドルノに示唆してもいた。それゆえ、ダルムシュタット講演〔ビューヒナー賞受賞講演〕において、ツェランはアドルノとの対話を継続してもいるのである。

自分の詩作にとってのこの詩的テクストの意義をツェランは繰り返し強調して指示しているが、その詩的テクストにおいて、アドルノは、対話の相手として、また参照点として、重要な役割を演じている。実際、もっと詳細に論じられてしかるべきアドルノのシェーンベルク論は、ツェランの「子午線」のなかで余韻を響かせている。たとえば、ツェランが、詩作は「沈黙への強い傾向」を示していると主張している箇所や、「息」の意義を強調しているところである。[14] レンツの「逆立ちで歩くこと」についての一節は、とりわけ、詩人が繰り返し読んだ痕跡が無数に残っているアドルノのカフカ論を重要な参照点としている。そこでは、苦しみのなかでのまなざしの反転がユダヤ人と関係づけられている。

中世では、ユダヤ人にたいする拷問や処刑は、「逆さま」でなされた。すでにタキトゥスの有名な箇所で、ユダヤ人たちの信仰は逆さまだと弾劾されている。犯罪者たちは、頭を下にして吊るされたのだ。これらの犠牲者たちに、死にいたるまでの無限の時間のなかで、地上の表面がそう見えていたに違いない仕方で、測量士カフカによって地上の表面が写真に撮られているのである。そのような和らげられることのない苦しみからすこしでも割り引かれたものなら、救済の光学はカフカには提示されないのだ。[15]

とはいえ、ビューヒナー賞受賞講演の決定的な箇所で、ツェランは「エンガディーンでの実現しなかった出会い」を思い起こしている。

芸術を拡張せよ！〔仏語〕この問いが、その昔からの不気味さをまとって、また新たな不気味さをまとって、私たちに歩み寄ってきます。私はこの問いを携えてビューヒナーのもとに赴いたのでした——そこでならこの問いをふたたび見つけることができると思ったのです。

私はひとつの答えを、「リュシール的な」返答を、準備してさえいました。私はなにかを対置したい、異論をもってその場にいたい、と願ったのでした。すなわち、

芸術を拡張する？

違う。芸術を携えて、お前のいちばん固有の狭さのなかへ進んでゆけ。そして、お前を解放せよ。

私はここでも、みなさまのいらっしゃる場でも、この道をたどりました。それはひとつの円環でした。

［……］

みなさま、私はふたたび出発点にいるのですから、もう一度、きわめて手短に、また別の方向から、同じことを問うことを、どうかお許しください。

みなさま、私は数年前に、小さな四行の詩を書き留めました――つぎのようなものです。

「いらくさの道からの声／逆立ちしてわれらのもとにやって来い。／ランプを携えてひとりでいる者が持つのは、／読み取られるべき手のみ。」

そして、私は一年前、エンガディーンでの実現しなかった出会いの思い出に、小さな物語を紙に書きつけました。その物語のなかで、ひとりの人物を「レンツのように」山のなかを歩ませました。

どちらにおいても、ある「一月二〇日」から、私の「一月二〇日」から、私は書き起こしてきました。

私は……私自身に出会いました。

それではひとは、詩のことを考えるとすれば、ひとは詩とともにそのような道を歩むのでしょうか？ それらの道はたんなるまわり道、あなたからあなたへのまわり道に過ぎないのでしょうか？ とはいえ同時にまた、他の多くの道のなかでそうであるように、言葉が声を持つことになる道もあります。出会いがあり、ある声が聞き取ってくれるあなたへといたる道、被造物の道、ひょっとすると現存在の投企、自分自身をもとめて自らを先行的に自らのもとへと送り出すことがあります……。

一種の帰郷です。[16]

私はテクストをここではたっぷりと引用した。聴衆に自分の詩作について決定的なことを打ち明けているこの箇所で、ツェランははっきりとアドルノを引き合いに出しているからである。詩集『言葉の格子』の「小さな四行の詩」とアドルノにあてられた散文テクストが結びつけられていて、その散文テクストをツェランはここで彼の「一月二〇日」、両親が殺戮されることで個人的な日付となったあのショアーの「日付」との関連に置いている。哲学者に宛てられることによって、この結びつきは、そのような日付を銘記し続ける詩はアウシュヴィッツのあとで書かれる、実際書かれねばならない、ということを意味している。芸術は拡張されるのではなく、「いちばん固有の狭さ」のなかへと導き入れられるのでなければならない。そこは、唯一、言葉がふたたび声を持ち得るところなのである。

これによって作りだされていたのは、最新の詩集との関連である。『言葉の格子』は、ツェランが個人的にアドルノに送った最初の詩集だった。八月四日、したがって、ツェランが「山中での対話」をすでに書きはじめていたころ、ソンディはシルスからツェランにアドルノが『言葉の格子』をまだ手にしていないことを伝えて、こう書いた。「あなたとこちらでもう会えないことを彼がどれだけ残念に思っているか、あなたはよくご存知でしょう」[17]。ツェランはアドルノが新しい本を入手できるようすぐに手配し、ソンディは最終的に、その詩集にたいする哲学者の喜びが「とても大きなもの」だったとツェランに伝えることができた。詩人はその本に以下の献辞を添えていた。「テオドーア・W・アドルノ教授に、誠実なる敬意をこめて　パウル・ツェラン。パリ、一九五九年八月。」この献辞はありふれたものと見えようとも、その日付からすると、もっと深い意味を有している。というのも、ツェランは「山中での対話」にも、「一九五九年八月」というこの厳密ならざる日付を厳密に添えていたからである。詩人はこうして、詩集『言葉の格子』を、その種のものとしては唯一のものである自分の散文テクストと関連づけている。アドルノは同様のことを見て取っていたに違いない。それについては、彼の感謝の言葉も、またつぎの事実も、そのことを裏づけている。すなわち、そうこうするうちに『誰でもない者の薔薇』が出版され、このささやかな往復書簡の最後の書簡の時期には『息のめぐらし』という詩集も出版されていたにもかかわらず、アドルノがツェランの抒情詩に関する約束した論考をまさしく『言葉の格子』に向けるつもりだった、という事実である。いずれにしろ、ツェランの抒情詩を判断する際、アドルノにとって、『言葉の格子』は大きな意味を持っていたのだ。

とはいえ、哲学者が自分の『言葉の格子』に書き込んでいたわずかながらのメモは、一九五九年のものではなく、一九六七年、彼がベルリン大学での秘教的な詩作についてのソンディの上級ゼミナールに出席したときのものである。[18] ともあれ、アドルノ所蔵の『言葉の格子』の、比較的長いメモ書きは、『美の理論』「補遺」の表現ときわめて近似している。詩集『言葉の格子』の見返しには、アドルノの手書き文字でこう書かれている。

秘教的なものについて。通常は詩作されたものとしてはじめて生じるものが、ここでは意図として作られている。通常は芸術において生起することが、ここでは主題となっている。抽象的に還元された風景（描かれた風景）の言葉への翻訳。石から、死者から、慰めをなんとか手に入れる試み。慰めは肯定的（響きをつうじて）。ベケットへの関係、すなわち無のさまざまな形象。

詩集への他の書き込みは簡潔にふれている。すなわち、「白く、そして軽い」について彼は「メンデルスゾーン『軽く、そして軽やか』」と書きつけ、「雪の寝台」に関しては四行目と五行目のあいだに「表現主義」という語が見られる。詩「ひとつの目、開いて」の二行目と三行目に彼は線を引き、「上で、音も立てず」（一行／二行）および「線路の土手、道端、荒廃した場所、瓦礫」（一〇行／一一行）には「美しい」と書きつけ、そして「世界」（四行／五行）には「ベケット」という指示が添えられている。最後に、「エングフュールング」というタイトルの傍らに「連繋語法的な構築」とアドルノは書きつけている。書き込みは多くなく、ツェランの詩作についてのエッセイの準備として特徴づけるのも困難である。

それにたいして、ツェランの詩「エングフュールング」についての重要な研究に見られるソンディの注釈は、いささか重視することができるだろう。彼は、アドルノにたいしてもツェランにたいしても、友好な関係を維持していて、おたがいがどういう意味を持っているかをよく心得ていた。

こうして、絶滅収容所の現実化は、ツェランの詩作の終着点であるだけなく、同時にその前提でもある。「エングフュールング」はきわめて厳密な意味において、「アウシュヴィッツのあとでは……詩を書くことは……不可能になった」というあまりに有名になったアドルノの主張にたいする反駁である。アドルノは、ツェランをベケットと並ぶ戦後のもっとも重要な詩人と見なし、何年にもわたって、ツェランについての比較的長いエッセイを書こうとしていた。彼は、自分の主張がどのような誤解にさらされているかよく自覚していたし、ひょっとするとあの主張は誤りだったかもしれないことも心得ていた。アウシュヴィッツのあとでは、アウシュヴィッツにもとづくのでないかぎり、いかなる詩ももはや可能ではないのである。[19]

アウシュヴィッツ以降の抒情詩

ツェランはアドルノの有名な指摘[*1]を自分の詩作にたいする判決として読み、哲学者が彼の誤解された言葉をどのように敷衍したり和らげたりしているか、とても丁寧に追跡していた。[20] 往復書簡もまたその点を明瞭に示している。アドルノが自分の判決を新たに定式化することを試みる際、ツェランの詩のことを実際に念頭に置いていたと思われることも、注目すべきことである。このささやかな往復書簡は、たとえば、『否定弁証法』がツェランにいくらか感銘をあたえたことをアドルノが喜んでいたことを、伝えてくれてもいる。哲学者〔アドルノ〕がここでなにを示唆しているか、推測するのは困難ではない。というのも、彼がアウシュヴィッツ以降の抒情詩に言及するにいたる箇所で、行間で語られているのが、ツェランと「死のフーガ」であることは、きわめて明らかだからである。「形而上学への省察」の章で、自分の判決を新たに定式化するうえでツェランの詩作が重要な役割を果たしていることを、アドルノは示そうとしていたように思われる。

収容所でサディストたちが犠牲者たちに語った言葉、「あすになれば、お前はこの煙突から煙となって空へ上ってゆくぞ」という言葉は、歴史が向かっている、個々人の生命がどうでもよいものになっている状態を名指している。すでにその形式的自由の段階で個々人は代替可能、置き換え可能だったのであって、その後に命の清算人に足蹴にされる場合と変わらなかった。〔……〕果てしのない苦しみには、拷問されている者に呻き声を発する権利があるのと同じだけの表現への権利が備わっている。したがって、アウシュヴィッツのあとで詩は書かれ得ないというのは、誤りだったかもしれない。とはいえ、もっと非文化的な問い、アウシュヴィッツのあとで生きることができるのか、偶然生きのびたものの、殺されていてもおかしくなかった者は果たして生きることが許されているのか、という問いは、誤りではない。そのような者が生きつづけてゆくためには、冷酷さ、すなわち、それなくしてはアウシュヴィッツも可能ではなかったような、市民的主観性の根本原理が必要である。それこそは、殺戮を逃れた者の抱えている激烈な罪科である。[21]

アシュヴィッツ以降の文化に不可欠の事柄、またそれが抱えている諸問題について、アドルノは以下のように記述してもいる。

ヒトラーは不自由な状態にある人間たちに新たな定言命法を課した。すなわち、その思考と行動を、アウシュヴィッツが繰り返されないように、同様のことがなにひとつ生じることがないように、整えなければならない、という定言命法である。〔……〕アウシュヴィッツは文化の失敗を反論の余地なく示した。哲学、芸術、啓蒙的な諸学問からなる、あらゆる伝統のただなかであれが起こり得たということは、その伝統、精神が、たんに人間を捉え、変革することができなかった、という以上のことを意味している。それぞれの部門それ自体のうちに、すなわち、自分たちは自足した存在だという強い自負のうちに、非真理が潜んでいるのである。アウシュヴィッツ以降のすべての文化は、そのような文化への切実な批判をふくめて、ゴミ屑である。〔……〕根本的な罪科を背負い、すり切れてしまった文化を擁護する者は、そういう文化の共犯者となる。一方で、文化を拒む者は、文化がまさしくそうであることを暴露されたところの野蛮を、直接的に促進させることになる。沈黙でさえもこの循環から抜け出すことはない。沈黙が正当化しているものといえば、客観的真理に太刀打ちできない、自分の主観的無能力さだけであって、そのことによって沈黙は客観的真理を虚偽へと貶めるのである。［……］高きにあるものの響きを持ったいかなる言葉も、また神学的な言葉さえも、アウシュヴィッツのあとでは、変容することなしに正当性を持ちはしない。伝来の言葉による挑戦も、神はこのようなことを許し給うのか、怒りをもって介入されないのか、という問いかけも、ニーチェがとうの昔に理念にたいして下していた判決を、犠牲者たちにもう一度下しただけだった。驚嘆すべき力でアウシュヴィッツおよび他の収容所を耐え抜いたある人物は、強い感情をこめて、ベケットに抗してこう主張した。「もしもベケットがアウシュヴィッツにいたならば、違った具合に書いただろう、すなわち、逃げのびた者の塹壕宗教[*2]でもって、もっと肯定的に書いただろう」。この逃げのびた者の言うことは、彼の考えているのとは違った意味で正しい。ベケットであれ、意識を保っていた他の誰であれ、アウシュヴィッツでは打ち砕かれて、「私は人間に勇気をあたえたいのだ」という言葉でその逃げのびた人物が言い表わしている塹壕宗教なるものに、おそらくは信仰告白したことだろう。その人物の言葉は、勇気がなんらかの心がけしだいであるかのようであり、人間たちに問いかけ、人間たちに合わせて語ろうとするその意図が、たとえ逆のことを信じている場合でも、人間には当然要求することができるはずのもの〔自由ないしは自律性〕を当の人間から奪い取っていることに気づかないかのようである。形而上学はこういう事態にまでいたっているのである。[22]

長く引用したこの一節は、ツェランが賛意をもって心に留めおくことのできた多くのことを、きっと含んでいるに違いない。実際、終わりの一節は、詩集『息のめぐらし』（一九六七年）の資料集のうちに存在しているひとつのメモのきっかけであったのかもしれない。「アウシュヴィッツのあとではいかなる詩も存在しない（アドルノ）」。ここでなにが『詩』のイメージとして想定されているのか？　あえて、仮説的‐思弁的な仕方で、アウシュヴィッツを、夜鳴き鳥、あるいは歌鶫の視点で、観察したり報告したりしようとする者の自惚れ」[23]。アウシュヴィッツ以降の文化についてのアドルノの判決について、ツェランがこれほど明瞭に語った箇所はない。彼にとっては、「夜鳴き鳥、あるいは歌鶫の視点」からアウシュヴィッツを眺めやる審美的な理論にたいして、「ユダヤ人クライン」、自らに「ふさわしくない時」を携えた、「それに出会った」、「それに出会わなかった」[24]彼、「その存在の特殊な傾角のもとで」*3アウシュヴィッツ以降に語る詩人の記憶を対置する詩人は、自らの日付を刻み付けられた詩を書くのである。

両者のあいだに存在しているあらゆる区別にもかかわらず、両者を相変わらず結びつけているものも存在していた。ツェランが〔アドルノの〕論考「アウシュヴィッツ以降の教育」を読んだ証拠はないが、やはり以下のような文面は、詩人が――ゴル事件においてドイツに関して経験していたこととの関わりで――アドルノから期待し、感謝とともに心に留めたものである、と言うことができる。「アウシュヴィッツの原理に抗する唯一真なる力は、カントの表現を用いることが許されるなら、自律でしょう。省察の力、自分で決定する力、同調しない力です。〔……〕とりわけそこには、以下の危険が存在しています。すなわち、それが繰り返される危険、それを自分に関わらせず、それを口にしただけで排除してしまう危険です。あたかも、それを和らげないで口にするかぎり、犯罪人ではなくそれを語る者が罪人であるかのように」[25]。

＊1　「アウシュヴィッツのあとで詩を書くことは野蛮である」というアドルノの言葉。

＊2　「塹壕宗教」とは、命の危険をまぬがれた者がそれを神の救いと考えて信心深くなること。

＊3　これはあとに登場する「フリンカー書店のアンケートへの回答」のなかの表現。同様の言い回しが「子午線」にも登場する。『パウル・ツェラン詩文集』一五五頁、および一二三頁、参照。

アドルノを読むツェラン

ツェランのアドルノの読み方は、一方であのよく知られた判決との対決を示しているが、また同時に、哲学者〔アドルノ〕の仕事と、これまで受けとめられてきたよりもずっと熱心に取り組んでいたことを示してもいる。アドルノの著作は、ツェランとその詩人としての仕事にとって、きわめて重要な意義を有していた。たとえ多くのひとにとってはパラドクスと思えようと、戦後ドイツの文化状況においてふたりの哲学的中心人物であったアドルノとハイデガーの著作はまさしく、ツェランの詩学にとって重要な参照点なのである。ツェランの詩人としての仕事のうちに、両者はその痕跡を残すことになった。そこには、アンダーラインを引かれた哲学者〔アドルノ〕の多くの著作が含まれているのである。ツェランのアドルノの読み方は、一部は彼の蔵書を手がかりにして確認することができる。[26]

それにたいして、アドルノの蔵書にはツェランの著作はわずかしか含まれていなかった。講演『子午線』と詩集『言葉の格子』はそのなかに存在している。『言葉の格子』はまた、ツェランが個人としてアドルノに謹呈した最初の詩集でもある。〔ツェランがアドルノに謹呈したのは〕おそらく、この詩集の作品のうちに、その言葉遣いのうちに、また詩集内での作品の配列のうちにも、アドルノの著作との対話を感じ取ることができるからである。詩集『言葉の格子』の出版の前後に成立し掲載される散文テクスト——とりわけ「山中での対話」と「フリンカー書店のアンケートへの回答」——において、現実の、また虚構の対話の相手として、アドルノが重要な役割を演じている。そのことは注目に値する。ふたつのテクストは、ツェランの言語および詩を理解する際に、決定的な意義を有している。「山中での対話」の送付にたいするアドルノの応答は、詩人を喜ばせたに違いない。なぜなら、その応答は、ツェランの詩作にたいする理解をよく表わしているからである。一九六〇年六月一三日付の手紙は一方で、哲学者〔アドルノ〕がその散文テクストから大きな印象を受けたことを記録しているとともに、他方で、たとえば以下のようにアドルノが書いている箇所では、詩人の立場とのさまざまな一致が示されている。すなわち、ツェランの抒情詩においては「音楽に由来する要素が抒情詩のなかに実際に入り込んだという印象を、私は抱かずにはいられません。それは、このような仕方ではかつて存在しなかったことであって、抒情詩の持つ音楽的特質などという決まり文句とはいっさい関係がありません」という箇所である。

アドルノが「新音楽」の名のもとで理解していた事柄とツェランの詩作との関わりは、とくに明瞭である。ツェラン自身がこの近さをもっとも明瞭に書き留めているのは、一九五八年の「フリンカー書店のアンケートにたいする回答」においてである。そのなかでツェランは、アドルノの言語としての言葉からの音楽の解放というテーゼを言い直している。*1

ドイツの抒情詩はフランスの抒情詩とは違った道を歩んでいる、と私は信じています。記憶のなかにいっそう陰鬱なものを携え、もっとも疑わしいものに取り囲まれて、ドイツの抒情詩は、自らが置かれている伝統をあらゆる仕方で現前させながらも、多くの耳が相変わらず抒情詩から聞きたいと願っていると思われる言葉を、もはや語ることができません。その言葉はいっそう冷めたもの、事実にそくしたものとなり、「美しいもの」に疑念を抱き、真実であろうとしています。それはしたがって［……］「より灰色の」言葉であり、もっとも怖ろしい事柄とともに、またその傍らで、多かれ少なかれ相変わらず無頓着に鳴り響いていたあの「心地よい調べ」となにひとつ共通性をもたないところに、自らの「音楽性」も存在していると知りたがっている言葉です。

表現の多義性を欠くことは不可能であるとしても、この言葉が重視しているのは精確さです。この言葉は美化せず、「詩化」しません。それは名づけ、規定します。それは、所与のものの領域、可能なものの領域を測定しようとするのです。[27]

『ヤーレスリング　一九五六／五七年』に初出掲載されたアドルノの論考「現在の作曲における音楽、言語、およびその関係」には、こう書かれている。

意味を語る言葉にたいして、音楽が言葉であるのは、まったく異なったタイプの言葉として、である。そのタイプのうちには、言葉の神学的な観点が存在している。音楽が語っていることは、その言明において規定されているとともに隠されている。音楽の理念は神の名という形態である。音楽は、感化という魔術から解放されていて、脱神話化された祈りである。すなわち、意味に関与することなく、名前それ自体を名指そうとする、相変わらず空しい人間の試みである。〔……〕音楽は、内容それ自体が露わになるような言葉として真実なる言葉を指し示しているが、それには、意味を語る言葉につきものの一義性の喪失が犠牲として伴う。そして、あらゆる言葉のなかでもっとも雄弁な言葉である音楽にかけられる多義性という呪い、そういう神話的な要素を慰めるかのようにして、さまざまな意図が音楽のなかに流れ込むことになる。[28]

そして、一九六〇年五月、したがってビューヒナー賞受賞講演の成立期そのものに『メルクーア』誌に掲載された論考「音楽と新音楽」のなかで、アドルノは伝統との関わりについてこう書いている。

その社会的機能とともに、音楽はそれ自体においても、そのもっとも内奥にいたるまで変容した。市民的音楽は、そのもっとも高度な産物においてさえも、飾りであったのであり、〔……〕人文主義の諸理念を肯定することで、ひとびとにとって音楽を心地よいものとした。人文主義には無効が宣告された。なぜなら人文主義がイデオロギーへと零落したからであり、肯定的な精神において世界を映し出すことは、よりよき世界への促しとしてであったとしても、悪しきものを正当化する虚偽となったからである。そのような合意の宣告は、音楽の形式感覚のもっとも精妙なる昇華にまでおよんでいる。だからこそ、新音楽について語る正当性が生じる。［……］古くなったものの影、音楽が自分自身のなかへ身を潜める際のしつこい盲目性を持った気まぐれ、そういったものは、世界の絶対的な否定性、アウシュヴィッツという世界の絶対的な否定性を証言するすべての芸術につきまとっている。それでいて、芸術は、やはり自らを絶対化することによってしか、否定的なものについて証言することはできないのである。［……］非人間的な状態のただなかで人間性を自己正当化的に呼び出すあらゆる試みには、最大限の懐疑がふさわしい。高貴なもの、よきもの、真なるもの、美しいもの、こういったものに向けられた言葉で、汚されたり、反対に転じられたりしなかった言葉はひとつもない。それはちょうど、国民社会主義者たちが自宅で「柱のうえには屋根」*2と大いに熱をあげているとき、地下室で拷問がなされていたのと同様である。肯定的な価値は、そのどれひとつとして実現されていないことへの省察を妨げる手段へと落ちぶれた。そういう事態を重く見る者なら、それらの価値をもはや口にしてはならないし、それらが自分に差し出される場合には、解体しなければならない。[29]

新音楽の言葉について、アドルノは同じテクストでこう断言していた。「脱人間化という図像なき図像をつうじてのみ、言葉を持たずに、この音楽は人間的なもののイメージを確保している。音楽が、型通りのフレーズにしたがって、人間に役立とうとする場合には、あるいは、人間がそもそも音楽から直接的に語り出そうとするような場合には、音楽は存在しているものを美化し、自らを慰めの道具へと貶めてしまう。黙した音となることにおいてはじめて、音楽は言葉を獲得するのである」[30]。これは、言葉遣いにいたるまで、ツェランが詩集『言葉の格子』およびその成立期に詩学に関わって記していた考えのなかで企てている言語構想と一致している。アウシュヴィッツ以降の詩の言葉は、ツェランにとって、アドルノ以降の新音楽と同じ課題の前に立っていたのである。

　こういう背景のもとで、ツェランが新しい詩集『言葉の格子』と明確に関連づけて書き上げたふたつの重要な講演[*3]もまた読まれるべきだろう。したがって、ビューヒナー賞受賞講演のためのノートのなかに、以下のように、ツェランがアドルノを読んでいたことを示す言葉が見つかるのも、驚くにはあたらないのだ。

> 芸術は――私はA・シェーンベルクのひとつの格言を引用する、私はそれをT・アドルノから引用する――、芸術は「できる」から生じるのではなく、「ねばならない」から生じる。彼らは、この種の語源学も存在することを、見てとっている。すなわち、私たちが真なるものおよび基盤を有するのは、知覚できない根に由来しているものにおいてではない。根から時代のなかへ駆り立てられ

た、根から遠い枝［時代のなかに突き出ている枝］においてこそ、私たちは基盤を認識するのである。[31]

アドルノの『新音楽の哲学』のシェーンベルクの章を――同様に、一九五三年に『ノイエ・ルントシャウ』誌に初出掲載されたシェーンベルク論も――ツェランは注意深く読んでいた。その章の最終節も注意深く読んでいたことは確かである。その一節は、語っている内容だけでなく、その言葉遣いによっても、ツェランの「エングフュールング」を指し示している。

芸術技法の意味喪失の時代において芸術技法が私たちにあたえる理解不可能なもののショックの数々は、その向きを反転させる。それらのショックは意味を失った世界を照らし出す。新音楽はそのことに身を捧げている。世界の暗闇と罪科のすべてを新音楽はわが身に引き受けたのだ。新音楽の幸いのすべては、不幸を認識することにある。新音楽の美のすべては、美しき仮象を断念することにある。個人であれ、集団であれ、新音楽と少しでも関わりを持ちたいと望む者などいない。新音楽は、聴かれることなく、エコーもなく、その響きを終える。聴かれた音楽なら、時間がその周囲に集まって輝く結晶を作りあげるが、聴かれることのない音楽は、死滅してゆく球［星］のように、空虚な時間のなかへと落ちてゆく。機械的な音楽が絶え間なく味わっているこの経験に、新音楽は自ずと照準を置いているのであり、絶対的に忘却されている存在に照準を置いているのである。新音楽とは、真実なる投壜通信である。[32]

このアドルノの用語を、ブレーメン賞受賞講演のツェランの「投壜通信」の重要な出典のひとつと見ることもできるだろう。[33]

当然のことながら、ツェランは『啓蒙の弁証法』も読んでいた。彼はホルクハイマーとアドルノのこの共著を一九四七年の版（アムステルダム、クヴェリード社）で所持していて、その本を繰り返し読んでいた。見返しには「パウル・ツェラン／パリ、五四・五・五」の書き込みがあるが、一九六五年の夏にも彼はその本をあらためて手にしていた。ツェランの蔵書の本のなかで、これほどたくさんの線引きを示しているものはほんのわずかである。すでに「序文」において読書の痕跡が多く見られるが、ツェランは以下のような一節に、自分のために一度に何重もの線を引いている。

肝心なのは、ハクスレー、ヤスパース、オルテガ・イ・ガセーやその他の文明批評家たちが念頭に置いていた価値としての文化ではない。むしろ、人類が完全に裏切られるべきでないならば、啓蒙は自分自らを省察しなければならない。過去の保存ではなく、過ぎ去った希望を請け戻すことこそが重要なのだ。[34]

「ユートピア」という符号で、「反ユダヤ主義の諸要素」の章にもたくさんの線引きが見られるが、何年に由来するものか、一義的に判別することはできない。とはいえ、「哲学的断章」*4のアクチュアリティは際立っている。ツェランはそれを「こんにちのアクサンテギュ」*5を付して読んだに違いない。反ユダヤ主義は「使い古された図式であり、実際、文明の儀式」であるという箇所、また同じく以下の箇所に、詩人は自分のために線を引いた。「墓場荒らしは反ユダヤ主義の逸脱ではなく、反ユダヤ主義そのものである。迫害された者たちは、迫害への欲望を否応なく目覚めさせる。彼らに残された暴力の痕跡によって、際限なく暴力が点火される」[35]。とはいえ、この章およびツェランによる強調は、同時にツェランの批判的な読み方も証言している。たくさんの疑問符は異なった立場や評価を暗示している。たとえば、以下のように書かれている箇所である。「傾向からすれば、反ユダヤ主義がまだかろうじて取り替え可能なレッテルの項目として現われるということは、その終焉への希望を反論の余地なく根拠づける」[36]。

補論「オデュッセウスもしくは神話と啓蒙」にも多くの疑問符が見られる。オデュッセウスおよびセイレーンたちとの関わりで同一の語が多義的な意味で用いられるという話が登場する箇所では、ツェランは以下の文章に下線を引いている。「自分を『誰でもない者』として否定することによって、彼は自分自身であることを認める。彼は自らを消失させることによって、自分の命を救うのである」。そしてツェランは「六五・六・二〇」[37]と読んだ日付を記している。当然ながらこのメモはゴル事件との関連に置かれている。あるテクストの読解（再読解）がツェランの場合「こんにちのアクサンテギュ」のもとできわめて強力になされたことは、一般的に明らかである。詩人がこの章を読んだ際に置かれていた状況は、いずれにしろ、ツェランが翌日、自分の出版人であるゴットフリート・ベルマン・フィッシャーに、自分はフィッシャー社を離れると伝えたことを考慮するときに、よりよく理解できるのだ。

『啓蒙の弁証法』の読解自体にもその歴史があって、それは「彼の運命の傾斜角」のもとでなされた。そのことを、ツェランがきっと本質的にもっと以前に読んでいて、はっきりと印しを付していた一節は示している。

宥和こそ、ユダヤ教の最高の概念であって、その全き意味は期待である。［……］支配からの思想の解放において、暴力の廃絶において、いままで非真理にとどまってきた、ユダヤ人はひとりの人間であるという理念が、実現され得るのかもしれない。それは、ユダヤ人を他のひとびとと同じく病に追いやって来た、反ユダヤ主義的な社会から人間的な社会への歩みだろう。[38]

この箇所は、ツェランがちょうどすでに五〇年代に知っていた「アドルノの」「カフカおぼえ書き」

に続いてゆく。このテクストはのちになっても彼にとってふたたび重要となる。こちらでは、一九五三年『ノイエ・ルントシャウ』誌第三号で、ツェランはアドルノとの意義深い出会いにいたった。多くの線引きから、とりわけ、ツェラン自身の詩作にとってのその意味からして、そう推測ができる。その一例が以下の一節であって、詩人はこの箇所に一度に何重もの線を引いている。

芸術家は自分の作品を理解する義務など負わされていない。カフカにそんなことができたのか、疑うだけの十分な根拠がある。［……］あまりに早々と作品それ自体によって口にされている意味を、短絡的に考えてしまうのは誤りだ。そんな誤りから身を守ってくれる鉄則は、いっさいを字義通りに受け取ること、上からの概念によってなにひとつ覆い隠さないこと、である。カフカの権威とはテクストの権威である。方向づけられた理解ではなく、文字への忠実さだけが、いつか役に立つことだろう。絶えず自らを曖昧にしたり撤回したりする創作においては、どんな確定的な言明も不確定性という一般条項が台無しにしてしまうのである。

アドルノが語っているようなカフカの「言葉どおりのあり方」に、ツェランは魅了されている。彼の線引きは、『言葉の格子』において露わになって登場する言語理解がアドルノのカフカ解釈に多くを負っていることを示している。ここで彼はまた、カフカの音楽性についての注釈に出くわす。すなわち、彼の「冷やかな散文はあらゆる音楽的効果を」撥ねつけつつ、それによって音楽のように振る舞う、という注釈である。「カフカおぼえ書き」には、何重も線を引かれた箇所もある。

ショックをあたえるのは、途方もないことではなく、途方もないことの自明性である。[……]カフカが夢にたいして取っている態度を、読者はカフカにたいして取るべきである。すなわち、通約不可能で不透明な細部、意味不明の箇所に固執すること、である。[……]しばしば身ぶりが言葉にたいして対位法を構成している。すなわち、言葉以前のもの、さまざまな意図をまぬがれたものが、カフカにおいてひとつの病のようにすべての意味作用を貪っているあの多義性にたいして、正面からぶつかり合っているのである。[39]

ツェランのアドルノとの出会いはここでは、他の箇所でもそうであるように、間接的な出会いである。哲学者〔アドルノ〕のカフカ解釈ないしはシェーンベルク解釈に、詩人は自分自身のものを識別し、それを強調したり、自分の作品にとって実りゆたかなものとしたりしている。そういうわけで、たとえば、カフカ・エッセイで、カフカを表現主義という「彼の真正なる地平」において経験することをアドルノが勧めている箇所を、ツェランが強調していることは、注目すべきだ。同じことをツェランは自分の創作にも願っていた。彼の詩は時代を欠いたものとはおよそ対極にある。彼の詩に書き込まれている日付は、それどころか、将来の何世代にもわたって読み取り可能でなければならないのだ。[40]

ツェランのアドルノ読解のすべてを伝えることはできないが、結びとして、「抒情詩と社会」に関するアドルノのラジオ講演を見ておきたい。それは一九五一年に『ダス・リテラリッシェ・ドイチュラント』誌に初出掲載されたものだ。[41] しかし、ツェランがそのテクストを知ったのはおそらく一九五七年になって、『アクツェンテ』誌第一号に掲載されたものをつうじてだった。ここで彼自身の心を占めていたテーマが問題になっていたことは明らかだ。ゲーテ、メーリケのほかに、ボードレール、ゲオルゲ、ボルヒャルトの名前、したがって、ツェランも大切にしている近代の古典的な著者たちの名前があげられている、そのアドルノの講演のなかで、自分自身の詩作にも関わっていると思えるいくつかのことを、ツェランは見出した。

そのことは、その講演の初出からたっぷり一〇年以上あとに成立したツェランのひとつのメモ書きも証言している。詩人〔ツェラン〕がきわめて自覚的に体験していたパリの五月騒乱のただなか、一九六八年五月二一日に、ツェランは自分のためにアドルノの講演からひとつの思想を書きとめた。それはその時点で彼にとってアクチュアリティを獲得していたのである。「詩が語っていることを理解できるのは、詩の孤独のうちに人類の声を聴き取るひとだけです。実際、抒情詩の言葉の孤独それ自体さえも、個人主義的な社会、最終的には原子論的な社会によってあらかじめ規定されています。それは、抒情詩の言葉の普遍的な拘束力がその遠慮のない密度を糧としているのと、ちょうど裏腹の関係にあります」[42]。これはツェラン自身の「抒情詩と社会」にたいする立場でもあって、そのことを彼はこの引用によって表わしていた。孤独という感情について、彼は一九六一年三月一七日付のアドルノ宛の手紙でも語っている。彼はそこでこう打ち明けている。「私はたいへん孤独な思いです、私はとても孤独なのです――自分自身と自分の詩しかありません（私はこのふたつを同じものと見なしています）」。「山中での対話」にたいしてもまた、アドルノのこの講演は十分意味を有していた。実際、ツェランの散文テクスト〔「山中での対話」〕において重要な役割を果たしている抒情詩と自然について、アドルノの講演ではこう語られている。

抒情詩のなかで声となる自我は、集団や客観性に対立する自我として自らを規定し表現する自我です。そういう自我が自らの表現を関係づける自然と、自我は無媒介な形でひとつではありません。自我は自然をいわば喪失したのであって、魂を吹き込むことによって、また、自我自体のうちに沈潜することによって、自然を再興しようとするのです。人間の自然支配によって自然から権利が剝奪されたのですが、その権利が、人間化をつうじてはじめて、自然にもう一度あたえられるのです。因習的で対象的な存在の残余、生《なま》の素材的なものはもはやなにひとつ入り込むことのない抒情詩の形成物、私たちの言葉が知っているそういう最高の形成物でさえも、その尊厳を、疎外から身を退けつつそれらの形成物において自然の仮象を自我が呼び覚ます、まさしくその力に負っているのです。それらの形成物の純然たる主観性、すなわち、それらの形成物において破綻なく調和的に存在していると思われるものは、それとは逆の事柄、主観と疎遠な存在における苦悩、またそうした存在への愛を証言しています――実際、それらの形成物の調和とは、そもそも、そのような苦悩とそのような愛の、相互に絡まり合った声以外のものではありません。[43]

そして、その少しあとには、ツェランがレンツの物語との関連で、「芸術を目の当たりにし、芸術のことを考えている者は」「我を忘れる」と語る際に、「子午線」においてふたたび浮かび上がってきもするひとつの思想が告げられている。「芸術は自我の遠さを作り出す」とツェランがそこで語っているのにたいして、アドルノではこう言われている。

抒情詩の最高の形成物は、したがって、そこにおいて主観が、たんなる素材の残余なしに、言葉となって響き、言葉それ自体が声となるにいたっているような形成物です。ひとつの客体的なものとしての言葉に身をゆだねる主観の自己忘却と、主観の表現の直接性および非恣意性は、同じひとつの事柄です。そのようにして言葉は、抒情詩と社会を、そのもっとも深い内奥において、媒介しています。[……]主観が言葉のなかで姿を消す自己忘却の瞬間は、主観が存在の犠牲となることではありません。それはいかなる暴力の瞬間でもありませんし、主観にたいする暴力の瞬間でもありません。むしろ、それは宥和の瞬間です。言葉がもはや主観に疎遠なものとしてではなく、主観自身の声として語るとき、そのときはじめて言葉自身が語るのです。自我が言葉のなかで自らを忘却するとき、自我はやはり完全に現前しています。そうでなければ言葉は、聖別されたアブラカダブラ〔呪文〕として、コミュニケーションのための語りにおけるのとまったく同様に、物象化の手に落ちてしまうでしょう。[44]

アドルノの「抒情詩と社会についての講演」を、ツェランは一九五七年に、また一九六八年にも、アウシュヴィッツ以降の抒情詩を擁護するひとつの意見表明として読んだ。講演「アウシュヴィッツ以降の教育」のなかで、哲学者〔アドルノ〕はこう断言していた。「もしも文明の原理それ自体のうちに野蛮が組み込まれているのならば、野蛮に抗するには絶望的なものがあります」[45]。この絶望に従おうとはしなかったツェランは、彼が自分のために下線を引いていた、カフカ・エッセイのアドルノ自身の言葉で、アドルノに反論を述べることができた。「カフカの作品が希望を知っているとすれば、比較的穏やかな局面においてよりも、むしろ極端なものにおいてである。すなわち、どんな極端なものでも、それが言葉となることによって、持ちこたえることができるという能力においてである」[46]。アドルノが一九六九年八月六日、スイスのヴィスプで心筋梗塞の結果亡くなったとき、ツェランは知人のギゼラ・ディシュナーに宛てて、数日後にこう書いている。「私は痛みを感じましたし、いまも痛みを感じています。大きな喪失です。彼は非凡なる人物、ゆたかな才能の持ち主でした。そして、その才能を授けたのは悪魔ではありませんでした」[47]。「ゆたかな才能の持ち主」ということでは、ツェランもまたそうだった。このささやかな往復書簡は、詩人がアドルノの仕事と徹底的に批判的に対決し取り組むことでなにを獲得したかを、もっぱら用心深く示唆しているのである。

それでは、逆はどうだったのか？「ツェランの詩は、言語を絶した恐怖を、沈黙をつうじて語ろうとする」と、アドルノはのちに『美の理論』の「補遺」で書き留めていた。「彼の詩は、人間のうちの見捨てられたひとびとよりもさらに下方に位置する言語、それどころかあらゆる有機的なものよりもさらに下方に位置する言語、石や星といった死せるものの言語を模倣するのである」[48]。アドルノが彼の有名な格言にたいして時の経過のなかで企てたさまざまな変容は、アウシュヴィッツ以降の抒情詩というツェランの試みを彼が承認し評価していたことを証言している。詩人はふたたび、「アウシュヴィッツ以降生きることが可能なのか」という哲学者の重い問いに、首尾一貫して立ち向かった。最終的に、彼はもはや「極端なものを持ちこたえる」ことができなかった。一九七〇年四月、詩人はセーヌへ入水することで自らの生涯に終止符を打った。（アドルノの言うところの）カフカのように、その「極端なもの」に彼は言葉をあたえようと試みていた。そのことを、詩集『糸の太陽』の一篇も証言している。

白いざわめき、束ねられて
光の－
歩調
テーブルを越えて
投壜通信を携えて。

（その壜は自分自身に耳を傾け、海に
耳を傾け、さらに海を飲む
覆いを剝ぎ取る
道に疲れた重い
口から。）

あのひとつの秘密が
永遠に語のなかに混ざりこむ。
（そこから離れ落ちる者は転がる

葉をもたない木のしたへ。)

すべての
影の繋ぎ目における
すべての
影の封緘、
聞こえ－聞こえないまま
いま急を告げる。[49]

ツェランの詩の数々は、「詩の〈それでもいまなお〉」において自らを主張する試みを証言している。彼の詩は、孤独で、絶えずその存在を脅かされながら、自分の向かい側にいる相手をめがけて進んでゆくメッセージである。詩人は自分の詩が「聴かれることもなく、エコーもなく」その響きを終えると思っていた。したがって、彼の詩は、アドルノがシェーンベルクの章の末尾で記していた、新音楽の運命を分かち合っている。ツェランの抒情詩は真実なる投壜通信である。

＊1　この箇所の原文はwiderspricht で文字どおりには「反論している」だが、文脈からして wiederspricht「再論している」の誤植と解して訳している。
＊2　「君知るや、檸檬の花咲くその国を」ではじまるゲーテの「ミニヨンの歌」の一節。
＊3　ブレーメン賞受賞講演（一九五八年）とビューヒナー賞受賞講演。
＊4　「哲学的断章」は『啓蒙の弁証法』のサブタイトル。
＊5　「こんにちのアクサンテギュ」は、「子午線」での表現。「アクサンテギュ」はフランス語で用いられる表記（たとえばé）で「鋭音符」などと訳される。

〈注〉

1　以下のラインハルト・フェーダーマンの所見を参照――In memoriam Paul Celan, in: Die Pestsäule, H.1, September 1972, S.90f.――アドルノがユダヤ人であるというイメージは、ツェランの誤解にもとづいている。アドルノは洗礼を受けたクリスチャンだった。同化ユダヤ人だった彼の父は、息子の誕生に際して、すでにキリスト教に改宗していたし〔ただし、シュテファン・ミュラー＝ドーム『アドルノ伝』はこの事実は確認できなかったとしている〕、母マリア・カルヴェッリ－アドルノはローマ・カトリックだった。ユダヤ教の理解によれば、ユダヤ人の母親を持つ者だけがユダヤ人である。ナチは、彼らの人種用語にしたがって、アドルノを「半分ユダヤ人」に分類していた。
2　以下を参照――Otto Pöggeler, Spur des Worts. Zur Lyrik Paul Celans, Freiburg / München 1986, S.157.

3　Paul Celan, Gesammelte Werke VII（以下、GWの略号で、ローマ数字で巻数、アラビア数字で頁数を表記）, Frankfurt am Main 2000, S.104.

4　Kulturkritik und Gesellschaft, in: Theodor W. Adorno, Gesammelte Schriften, hrsg. von Rolf Tiedemann unter Mitwirkung von Gretel Adorno u.a., Frankfurt am Main 1997（以下、GSと略称）, Bd. 10-1, S.30. この論考は最初は以下に掲載された――Soziologische Forschungen in unserer Zeit. Ein Sammelwerk. Leopold von Wiese zum 75. Geburtstag, hrsg. von Karl-Gustav Specht, Köln/Opladen 1951, S. 228-241. 以下に再録――Adorno, Prismen. Kulturkritik und Gesellschaft, Frankfurt a. M. 1955, S.7-31.〔アドルノ『プリズメン』渡辺祐邦・三原弟平訳、ちくま学芸文庫、一九九六年、九‐三六頁〕

5　「山中での対話」における登場人物の名づけ方によって、ツェランはカフカの流儀を思い出せている。それはアドルノの「カフカおぼえ書き」できわめて明瞭に強調されていたものであって、つまり、固有名を、とりわけ小品に登場する固有名から、ファーストネームを奪うという流儀である。アドルノはこれをカフカの著作の「秘教的な刻印」の現われと見なしている。「秘教的な原理は、完全に疎外された主観性の原理である」（GS 10-1, S.274.〔同上、四三六‐四三七頁〕）

6　ルードルフ・ヒルシュ宛の、一九五九年一〇月九日付のツェランの書簡。以下より――S. Fischer Verlags-archiv, Frankfurt am Main. ツェランとヒルシュの往復書簡の出版がズーアカンプ社で準備されている〔同書は二〇〇四年に刊行された〕。

7　Paul Celan, Tübinger Ausgabe（以下、TCAと略記）, Der Meridian, hrsg. von Bernhard Böschenstein u.

Heino Schmull unter Mitarb. von Michael Schwarzkopf u. Chritiane Wittkop, Frankfurt am Main 1999, S.129.「友愛」へと促す、「他者」、「見知らぬ者」の特徴としての「鍵鼻めいたもの」は、「子午線」のための書きつけのなかで大きな役割を果たしていて、したがって、言語と詩にたいする直接的な関係を有している。「鍵鼻をした生きものの神秘にたいする畏れ――それが詩への道である」とある箇所に記され、別の箇所では「鍵鼻めいたもの。曲った言語のもの。醜いもの――」とある（これについては、執筆ノートIIの一九六〇年八月一九日のメモも参照。そこでは、「鍵鼻のものと醜いもの」に「まっすぐな鼻」が対置されている。すべての引用は同書、一三〇頁より）。詩集『誰でもない者の薔薇』の詩「詐欺師と泥棒の歌」（GW I, S. 229f.〔『パウル・ツェラン全詩集I』中村朝子訳、青土社、二〇一二年、三八四‐三九〇頁〕）は、ゴル事件と明確な関連にある作品であり、フェーダーマンへの献辞と書簡からも明らかなように、ツェランはハイネの詩「エドムへ」の詩句をアドルノとの関連においてもモットーとして引用している。その詩にはこう書かれている。「曲ってたのさ、おれが歩いた道は、／曲ってたのさ、そう／だってな、／道はまっすぐだったから。／／ハイヤ。／／そこで曲るのさ、おれの鼻が。／鼻が。」

8　TCA, S.128. ツェランが「山中での対話」との関連で述べている、灰色の髪の、「言葉の恩寵」についてのその意に反した証人が誰のことであるか、はっきりと言うことはできない。マルティン・ハイデガーの暗示が考え得るかもしれない。ガス殺された「小さな王妃」ということで詩人が引き合いに出しているのは、おそらくアンネ・フランクである。彼女の『日記』は一九五五年にフィッシャー社ではじめてポケット版として出版されていた。とくに、同じタイトルの芝居が一九五六年一〇月一日に西ドイツと東ドイツの七つの劇場で同時に上演されて、大成功を収めた。それによって、ある意味において、ドイツにおけるショアーに関する最初の集中的な、公的論議がはじまったのである。すでに一九五七年には、その演目は、四四の演出、一四二〇回の公演を数え、ドイツ連邦共和国でもっとも上演回数の多いものとなっていた。しばしば上演は追悼行事という性格を帯び、パンフレットでは拍手は控えるようにともとめられていた。美しく愛らしい少女は、無垢な犠牲者そのもののシンボルとなった。アンネ・フランクがユダヤ人女性として迫害され殺されたということは、その際、部分的には視野の外に置かれた。彼女は、一部のドイツ人にとっても同一化の対象として役立った。彼らは、空襲の夜、引き揚げといった自分自身の運命を、その芝居のなかに再認できると思ったのである。フランクフルト大学の大講堂では、一九五七年から、アンネ・フランクの誕生日に追悼行事が行なわれた。その場では、とくにオイゲン・コーゴン、フリッツ・バウアー、マックス・ホルクハイマーらが追悼スピーチを行なった。美しい「アーモンドの目」をユダヤ人の決まり文句としてしばしば引き合いに出すツェランは、こういったことを暗示しているのかもしれない。とりわけ、おぞましい収容所の世界で、腕に焼印を押されて、SSの手先たちの血なまぐさい恣意にさらされていた、ショアーの他の犠牲者たちと比べれば、アンネ・フランクは「天国のようなアムステルダムのプリンセン運河」で暮らしていた、という点に、当時批判が向けられていたことを思えば。

9　以下を参照——Peter Szondi, Briefe, hrsg. von Christoph König u. Thomas Sparr, Frankfurt am Main 1993, S.97f.

10　以下を参照——Paul Valéry, Windstriche, übersetzt von Bernhard Böschenstein, Hans Staub und Peter

Szondi, Frankfurt am Main 1959.

11 TCA, S.103.

12 これについては以下を参照——Paul Celan, Die Goll-Affäre（以下、GAと略記）, hrsg. von Barbara Wiedemann, Frankfurt am Main 2000.

13 以下を参照——Ingeborg Bachmann, Klaus Demus, Marie Luise Kaschnitz, Entgegung, in: Die Neue Rundschau, 71. Jg. (1960), S.547-549 (H.3).

14 シェーンベルクからはじまる傾向は、「沈黙への傾斜」と緊密に結びついているとシェーンベルク論には書かれていて〔アドルノ『プリズメン』前掲、二五八頁〕、「抽象的な時の刻みにたいする息の優位」〔同上、二二五頁〕について語られている。第一室内交響曲との関連で、大きな展開部の結末の場面をある指揮者が「氷河の光景」に喩えたことさえもが言及されている〔同上、二三七頁〕。

15 「カフカおぼえ書き」GW 10-1, S.284.〔同上、四五二－四五三頁〕最後の文章の欄外にツェランは印しを書きつけている。

16 Der Meridian, GW III, S.200f.〔『パウル・ツェラン詩文集』前掲、二二七－二二九頁〕

17 以下を参照——Peter Szondi, Briefe, a.a.O., S.92.

18 一九六八年二月九日のアドルノの書簡にたいする注釈を参照。

19 以下を参照——Peter Szondi, Schriften II, Frankfurt am Main 1978, S.383f.〔『現代評論集』世界の文学第三八巻、集英社、一九七八年、三八八頁〕実際、ツェランはベケットと並んで、アドルノがアウシュヴィッツ以降の詩作の代表者と認めていた数少ない同時代の詩人のひとりである。

20　アドルノの格言とその歴史については、以下を参照。Lyrik nach Auschwitz? Adorno und die Dichter. Hrsg. von Petra Kiedaisch, Stuttgart 1995, Rolf Tiedemann, »Nicht die Erste Philosophie sondern eine letzte«. Anmerkungen zum Denken Adornos, in: Theodor W. Adorno, »Ob nach Auschwitz noch sich leben lasse«. Ein philosophisches Lesebuch. Hrsg. von R. Tiedemann, Frankfurt am Main 1997, S.7-27 und Peter Stein, »Darum mag falsch gewesen sein, nach Auschwitz ließe kein Gedicht mehr sich schreiben.«(Adorno). Widerruf eines Verdikts? Ein Zitat und seine Verkürzung, in: Weimarer Beiträge 42 (1996), H. 4, S.485-508.

21　GS 6, S.354ff.〔アドルノ『否定弁証法』前掲、四四〇頁〕私がイタリック体〔翻訳では傍点〕にしている箇所がツェランの「死のフーガ」を明らかに示唆しているところである。

22　Ebd., S.358 ff.〔同上、四四四－四四九頁〕

23　引用は以下より。Axel Gallhaus, Die Polarisierung von Poesie und Kunst bei Paul Celan. In: Celan-Jahrbuch 6 (1995), hrsg. von Hans-Michael Speier, Heidelberg 1995, S.55.

24　「山中での対話」GW 3, S.171.〔『パウル・ツェラン詩文集』前掲、一六一頁〕

25　GS 10-2, S.679.〔アドルノ『自律への教育』原千史ほか訳、中央公論新社、二〇一一年、一三〇頁〕これらの言葉がまさしくこんにちふたたびアクチュアルであるのは、驚くべきことである。

26　ツェランの蔵書は現在、大部分がマールバッハ・アム・ネッカーのドイツ文学アーカイヴに収められている。ツェランがアドルノを読んだいくつかの痕跡について、私は別の機会に報告したことがある。以下の拙論を参照。»Exkurs: Das Gedicht nach Auschwitz—Celans Auseinandersetzung mit Adorno« in: Joachim Seng, Auf den Kreis-Wegen der Dichtung: Zyklische Komposition bei Paul Celan am Beispiel der Gedichtbände bis »Sprachgitter«, Heidelberg 1998, S.260-268.

27 GW 3, S.167f.〔『パウル・ツェラン詩文集』前掲、一五四－一五五頁〕

28 GS 16, S.650 f.

29 GS 16, S.483 und 490.

30 Ebd., S.482.

31 TCA, Der Meridian, S.106. ツェランはアドルノ『新音楽の哲学』の彼が所持していた版から引用している（以下を参照。GS 12, S. 46.〔アドルノ『新音楽の哲学』前掲、六五頁〕

32 GS 12, S.126.〔同上、一八八－一八九頁〕

33 ツェランは――彼自身が何度か認めていたように――「投壜通信」という暗喩をハンス・マイアーがゲーテの詩「遺言」について行った講演に負っていた。マイアーはその講演を、一九五七年一一月にヴッパータールで開催された、一九四五／四六年に創設された「連邦共和国」の「精神刷新協会」の大会のあいだに行った。ツェランが「投壜通信」をホーフマンスタールの引用と結びつけていたのにたいして、マイアー教授は私宛の手紙のなかで、自分がヴッパータールで引用したのはホーフマンスタールではなくアドルノだったと思うと述べた。

34 GS 3, S.15.〔ホルクハイマー／アドルノ『啓蒙の弁証法』前掲、一四頁〕イタリック体〔訳文では傍点〕

の文章がツェランによって下線が引かれている。それに先だつ箇所には、欄外に二重の線引きがなされている。

35 Ebd., S.208.〔同上、三七九頁〕

36 Ebd., S.233.〔同上、四二一頁〕

37 Ebd., S.79.〔同上、一二九頁〕

38 Ebd., S.225.〔同上、四〇八－四〇九頁〕

39 GS 10-1, S.258.〔アドルノ『プリズメン』前掲、四一〇－四一一頁〕

40 ツェランは以下の一節に、「i」を付して強調したりさえして、何重にも傍線や下線を引いていた。「クルト・ヴォルフ社の「最後の審判」の黒い仮綴じ本のシリーズ[*1]で、「判決」、「変身」、「火夫」の章〔『アメリカ』というタイトルで知られてきた作品の第一章〕を知る者だけが、カフカをその真正なる地平、すなわち表現主義という地平において経験したのである。〔……〕固有名詞、とりわけ「小品集」に登場する、ヴェーゼとシュマール[*2]といった姓だけの固有名詞は、表現主義の戯曲を思わせる」(GW 10-1, S.274.〔『プリズメン』前掲、四三六－四三七頁〕)。

41 Theodor W. Adorno, Lyrik und Gesellschaft 1 und 2. In: Das literarische Deutschland, 1951, Jg. 2, Nr. 14 (20. Juni), S.1 und Nr. 15 (5. August), S.2.

42 GS 11, S.50.〔アドルノ『文学ノート 1』三光長治ほか訳、みすず書房、二〇〇九年、五三－五四頁〕

43 Ebd, S.53.〔同上、五七頁〕ツェランの「山中での対話」における自然支配については、さらに他のふたつの参照枠が指示されるべきだろう。当然ながら詩人〔ツェラン〕はここでニーチェをも暗示している。ニーチェの『ツァラトゥストラ』は、この山中で、すなわち「海抜六〇〇〇フィート、あらゆる人間的な事象をはるかに超える高み、一八八一年八月のはじめ、シルス・マリアで」[*3]成立したのである。この関連で、一九六六年に掲載されたアドルノのテクスト「シルス・マリアより」の一節も興味深い。「同時に、あの風景を特徴づけている氷の堆積は、産業的な廃物、鉱業が生み出した瓦礫に類似している。ふたつのもの、すなわち、文明の瘡蓋と、植生の限界の向こうにある天然のものは、慰め、暖めてくれるものとして人間にあたえられた自然というイメージとは、対照的な位置にある。そのふたつのものは宇宙ではそれがどう見えるかを、すでに打ち明けている。現在抱かれている自然の理想像は偏ったもの、市民的な狭隘さを持ったもの、安全な生活が歴史的に営まれてきたごくわずかの領域だけを相手にしたものだ。野の道[*4]は文化哲学である。自然支配が情熱的でもあれば策略に満ちてもいるその理想像を破壊するところでは、理想像は空間の抱いている超越的悲しみに近づくように思われる。エンガーディンの風景が小市民的な風景よりもゆたかにそなえている幻想なき真理が埋め合わされるのは、死との同意というその帝国主義によってである」(GS 10-1, S.327.〔アドルノ『模範像なしに』前掲、五九頁〕)。

44 Ebd., S.56f.〔同上、六〇－六一頁〕

45 GS 10-2, S.674.〔アドルノ『自律への教育』前掲、一二四頁〕同じテクストではこう言われている。「ひとびとは野蛮への逆行が差し迫っていると語っています。しかし、そのような逆行は差し迫っているのではなく、アウシュヴィッツが現にその逆行であったのです。あの逆行をもたらした諸条件が本質的に存続するかぎり、野蛮は存在しつづけます。それこそが恐怖のすべてです」(ebd.〔同上〕)。
46 GS 10-1, S.266.〔アドルノ『プリズメン』前掲、四二三－四二四頁〕
47 以下より引用。Paul Celan/Gisèle Celan-Lestrange, Correspondance (1951-1970). Avec un choix de letters de Paul Celan à son fils Eric. Éditée et commentée par Bertrand Badiou avec le concours d'Eric Celan, 2 Bde, Paris 2001, S.589f. ジーグフリート・ウンゼルトに宛てて、八月八日にすでに彼はこう書いていた。「親愛なるウンゼルト博士、アドルノの死です。私は驚き、狼狽しています。あなたにとってはどんなだろうと思っています。心からのあいさつを、あなたのパウル・ツェラン」(以下を参照。Suhrkamp Verlagsgeschichte, Frankfurt am Main 1987, S.38.〔手紙の写真版〕)。
48 GS 7, S.477.〔アドルノ『美の理論・補遺』大久保健治訳、河出書房新社、一九八八年、一一八頁〕
49 GW 2, S.146.〔『パウル・ツェラン全詩集Ⅱ』中村朝子訳、青土社、二〇一二年(改訂新版)、二六八－二六九頁〕

＊1 カフカの最初の作品『観察』はライプチヒのエルンスト・ローヴォルトのもとで出版されたが、ローヴォルトは共同経営者だったクルト・ヴォルフと仲違いし、以後、カフカの作品はクルト・ヴォルフのもとで出版された。ちなみに、高科書店から刊行されている吉田仙太郎訳の『カフカ自撰作品集Ⅰ・Ⅱ・Ⅲ』は、アドルノがここであげている「黒い仮綴じ本」の体裁に倣ったもの。
＊2 「ヴェーゼ」、「シュマール」はカフカの掌篇「兄弟殺し」の登場人物の名。

＊3　ニーチェが「永遠回帰」の着想が最初に訪れた様子を書きとめたメモ書き。これについては、細見和之『ニーチェをドイツ語で読む』白水社、二〇一七年、九三 - 九八頁、参照。

＊4　ハイデガーが故郷メスキルヒの道を主題に描いた有名なエッセイ「野の道」が念頭に置かれているだろう。

アドルノとツェラン
——両者の往復書簡を手がかりとして——

細見和之　著

はじめに

パウル・ツェランとテオドーア・W・アドルノ、戦後にドイツ語で書いた代表的なこの詩人と哲学者ないし思想家の関係は、とても重要である。一方は「アウシュヴィッツのあとで詩を書くことは野蛮である」あるいは「不可能である」と語った思想家であり、他方は、両親をホロコーストで奪われ、そのことをもっとも重要な背景として生涯にわたって詩を書き続けた詩人であるのだから。しかも、両者には具体的な接点があった。

両者の関係を考えるうえで、ツェランが一九五九年八月に書き上げ、一九六〇年に『ディ・ノイエ・ルントシャウ』に発表した「山中での対話 Gespräch im Gebirg」は、両者の関係の出発点として、きわめて重要な意義を有している。それは、ふたりの「ユダヤ人」、「グロース」と「クライン」の、山中での出会いと対話を描いた、ツェランのなかでも非常に特異な散文テクストだが、よく知られているように、「ユダヤ人グロース（大きなユダヤ人）」はアドルノを、「ユダヤ人クライン（小さなユダヤ人）」はツェラン自身をモデルとしている（アドルノ自身はむしろ小柄だったが）。

その際、このテクストの背景に、両者の共通の知人だったペーター・ソンディを介して、実際にふたりがスイスのシルス・マリアで出会う手筈が整えられていたことも見逃すことができない。一般にはツェランに急用ができたため、その出会いは実現しなかったと考えられている。しかし、ヨハヒム・ゼングも本書の論考のなかで推測しているように、深読みするなら、ツェランはこのテクストを書くために、アドルノとの現実の出会いをあえて回避した、と考えることもできるのである。いずれにしろ、両者の関係が「実現しなかった出会い」を出発点とすること、逆に言えば、テクストにおける虚構的な出会いこそが両者の出発点にあったことは、きわめて示唆的である。

ふたりの現実の出会いは、ツェランが一九六〇年一月にズーアカンプ社の小さな集まりで詩を朗読した際に実現した。そこにもまた、十分に皮肉な現実が介在していたと言える。ツェランはそのときヴァレリーの「若きパルク」の、自らのドイツ語訳を朗読した。それは、おりしもツェランを苦しめていた、イヴァン・ゴルの妻クレール・ゴルによるツェランにたいする剽窃疑惑、いわゆるゴル事件があらたな展開を見せていて、彼が自分を第二のドレフュスと強く感じていた時期に相当していた。そして、ヴァレリーはドレフュス事件ではっきりと反ドレフュス側に与した詩人であり思想家だった。その時点では、ツェランもアドルノもそのことをまったく考慮に入れていなかったと思われるのである。

本書に訳出しているとおり、ツェラン研究者ヨアヒム・ゼングの編集によって、ツェランとアドルノの往復書簡集も公刊されていて、そこに収録されている書簡の数は合わせて一七通。けっして多くはない。とはいえ、とりわけツェランにとってアドルノがどういう存在であったかを私たちに伝えてくれる貴重なものだ。本書収録のヨハヒム・ゼングの精緻な論考にたいして文字どおり屋上屋を架すことにしかならないかもしれないが、あらためてこの往復書簡集を手がかりにして、ツェランとアドルノの関係について、私なりに基本的なことを考えておきたい。

一、「ユダヤ人」をめぐるすれ違い——アドルノとツェランの往復書簡のはじまり——

ゼングの編集によるアドルノとツェランの往復書簡は、一九六〇年三月二一日付のアドルノの手紙からはじまっている。そこでアドルノはツェランにこう語りかけている。

敬愛するツェラン様

『若きパルク』、ほんとうにありがとうございます。装丁がじつにすばらしく、私のように、愛書的な価値よりも文学的な価値をはるかに重く見たがる者でさえ、感銘を受けます。〔中略〕こんな具体的なことを申し上げるのは、あなたの比類のない美しいテクストをじっくり読むためには私には十分な時間が必要であって、このテクストについてでたらめな慇懃無礼を記すのは恥知らずもはなはだしいと思うからです。あなたが翻訳を朗読してくださったとき、それがどれだけ深く私を感動させたことか——実際、感動より以上のものです——、それは十分研究に値します。〔後略〕

（本書、九頁）

さきほど述べたように、これに先立って同年一月にアドルノはツェランとはじめて出会ったのだが、そのとき朗読を聴いたツェラン訳の「若きパルク」が書籍として出版され、それを謹呈されたことへの礼状となっている。このきわめて丁重な手紙にたいして、ツェランの側の手紙はいかにもツェラン風のたたずまいを最初から見せている。以下は、往復書簡のツェランの最初の一九六〇年五月二三日付の手紙である。

尊敬すべき奥様！　敬愛する教授殿！
さて、私の心からの感謝を携えて、フランクフルトであなたがたにお話しした、シルスのあなたがたの方を眺めやった小さな散文が登場します。（不思議なめぐり合わせで、いまではその散文は、私のビューヒナー賞の「前史」に属する形で現われることになります……）。
タイトルからしてすでに「ユダヤドイツ語Judendeutsch〔イディッシュ語〕」です……それは――私たちに準備ができていることを引き受けましょう！〔仏語〕――徹底的に鉤鼻めいたものetwas durchaus krummnasigesです……その鉤鼻に照らせば、第三のもの（おそらくは押し黙っているものも）はきっとふたたびまっすぐになり得るのでしょう。ほかになにが残っているのでしょう？　おそらくは、獲得された、そして獲得されるべき隔世遺伝、退化を経由する途上で望まれている発展です……

あなたがたに気に入っていただけるでしょうか？　私はぜひともそれを知りたく思います。

（本書、一一一一一二頁）

このツェランの手紙はすでにとても難解である。「シルスのあなたがたの方を眺めやった散文」が「山中での対話」を指していることは明らかだ。一九五九年七月、ツェランはアドルノ夫妻よりも一週間早くシルス・マリアに到着したであろうアドルノらの方を「眺めやり」ながら、あの散文テクストをパリで八月に書きあげたのだろう（そのテクストの文末にツェランは一九五九年八月という日付をその後も書き込みつづける）。「ビューヒナー賞の『前史』に属する」というのは、この時点でツェランにはビューヒナー賞受賞の連絡が届いていて（一九六〇年五月一四日にその知らせをツェランは受け取ったとされている）、彼がその講演「子午線」のなかに、アドルノとの「実現しなかった出会い」について、すでに書き込むつもりであったことが示されているのである。

さらにツェランは「山中での対話 Gespräch im Gebirge」というタイトルを、それ自体「ユダヤドイツ語」と自ら呼んでいる。「ユダヤドイツ語 Judendeutsch」は辞書的ないし日常的には「イディッシュ語」の別名である。このタイトルはイディッシュ語でもヘブライ文字をローマ字表記すればgesprekh in gebergで、ほぼドイツ語と同じ発音になる。ただし、「山中での」はドイツ語の「イム・ゲビルゲ」にたいしてイディッシュ語は「イン・ゲベルグ」。また、「対話」は、ドイツ語では「ゲシュプレーヒ」、イディッシュ語では「ゲシュプレヒ」である。微妙な音引きの有無にくわえて、ドイツ語ではアー・ウムラウトで綴られるところが、イディッシュ語にはウムラウト記号がなく、ヘブライ文字ではアイン、ローマ字表記ではeと綴られる。つまり、「ゲシュプレーヒ」ないし「ゲシュプレヒ」の部分は、ドイツ語なのかイディッシュ語なのか、耳で聞き分けるのは困難でも、スペルではローマ字表記でもはっきりと違いが出る。まるで若いころにデリダが語った「差延」の概念のような、聴覚的には判別不可能な差異がそこには書き込まれていることになる。

ともあれ、タイトルそれ自体を「ユダヤドイツ語」すなわち「イディッシュ語」とあえて言及しつつ、ツェランはここで「ユダヤ人であること」の宿命性をアドルノと徹底的に共有しようとしている。そして彼は「徹底的に鉤鼻めいたものetwas durchaus krummnasiges」を引き合いに出す。「鉤鼻」ないし「鷲鼻」は、反ユダヤ主義者たちがユダヤ人の顔の特徴としてカリカチュアなどに繰り返し描いてきたものである。それを私たちは引き受けようと、ツェランはアドルノに呼びかけているのである。

それに続く「第三のものdas Dritte」とは何だろう？　私はおそらく「第三帝国das Dritte Reich」のことだろうと推測する。とはいえ、（　　）のなかの「押し黙っているものdas Stumme」とはなにだろうか？　文脈上は否定的なものだから、反ユダヤ主義にきちんと抗議の声をあげないひとびとの状況を指している、と読めそうである。さらにそれに続く「獲得された、そして獲得されるべき隔世遺伝、退化を経由する途上で望まれている発展」とはいったいなにだろうか？　往復書簡の編者ゼングは、書簡のこの箇所に注を付して、「隔世遺伝 Atavismus〔先祖返り〕」や「退化 Involution」がツェランの詩作にとって積極的な意味を有していたことを確認して、講演「子午線」のためのメモ書きの以下の一節を紹介している。

それは『ヴォイツェック』におけるように、まさしくまだかろうじて声を持つものへの帰還である――それは退化としての言葉、単語とは疎遠なひとつのシラブルにおける意味の展開である。それは、咽をぜいぜい言わせる吃音で識別可能な「幹綴 Stammsilbe」、萌芽状態にまで舞い戻ったものとしての言葉――その意味の担い手は死せる口であって、その唇はもはや丸くなることはない。

（本書、一四－一五頁）

いずれにしろ、この書簡においてツェランがひたすら「ユダヤ人」としてのアドルノに語りかけていたことは疑いがない。とはいえ、アドルノは父親が同化ユダヤ人だったとはいえ、母親はカトリックだった。ユダヤ教での分かりやすいユダヤ教徒の定義は「母親がユダヤ教徒であること」である。

この定義によればアドルノはけっしてユダヤ教徒＝ユダヤ人ではなかったことになる。もちろん、ナチの側はアドルノを「半分ユダヤ人Halbjude」として迫害したし、アドルノの妻グレーテルはユダヤ教徒だった。アドルノはナチス側からすれば最終的にはガス室に送られる範疇の人間であったし、もちろん戦後のアドルノはそのことをよく自覚していた。それでいて、けっして自ら「ユダヤ人」とは名乗らなかったのがアドルノである。

あの「実現しなかった出会い」から約一〇ヵ月後、ツェランから「山中での対話」が印刷前の原稿の形で届けられたとき、アドルノは一九六〇年六月一三日付の書簡でこう礼を述べている。

敬愛するツェラン様

きわめて注目すべき深淵な散文作品にたいして、本日は心より感謝を申し上げます。この作品をもう自分のものとしてすっかり理解したなどと言うとすれば、それは恥知らずもいいところでしょう。とはいえ、私はあの作品によって尋常ならざる感銘を受けています。どのような方向にむけてか、もっとも手っ取り早いのは、マーラーについての私の小さな本の最終章から、あなたに引用してみせることでしょう。「楽章〔Satz＝文章〕の対話的対置において、その内実が現われる。あたかも相手の声を掻き消し、競い合うかのように、声部〔die Stimme＝声〕と声部が口を差し挟み合う。そこから、この作品の飽くことを知らない表現および言語に類似したものが生じる」。あたかもこの作品によって、音楽に由来する要素が抒情詩のなかに実際に入り込んだという印象を、私は抱かずにいられません。それは、このような仕方ではかつて存在しなかったことであって、抒情詩の持つ音楽的特質などという決まり文句とはいっさい関係がありません。

（本書、一五–一六頁）

アドルノはちょうどこのとき『マーラー――音楽的観相学』の仕上げにかかっていた。その最終章「長いまなざし」が主に論じているのは『大地の歌』である。つまり、ツェランの「山中での対話」にたいして、マーラーの『大地の歌』にそくして綴ったことを、アドルノは自ら引用していることになる。しかも、アドルノが応じているのは、ツェランのテクストの持つあくまで形式についてである。このテクストの背景にもこだましている、あの「徹底して鉤鼻めいたもの」の引き受けというツェランの呼びかけに、アドルノはいっさい答えていないことになる。したがって、アドルノとツェランの「実現しなかった出会い」には、「ユダヤ人であること」をめぐる両者の根本的なすれ違いが最初から組み込まれていたことになるだろう。

では、ツェランはアドルノとのどのような「出会い」をそもそも期待していたのだろうか？　以下では「山中での対話」の内容を最低限、押えておきたいと思う。

二、「山中での対話」の告げるトラウマ的記憶

「山中での対話」の冒頭ではこう語られている。

ある夕方、太陽が沈んでいった――沈んだのはそれだけではなかった――、すると自分の小屋からユダヤ人der Judが、ユダヤ人でありひとりのユダヤ人の息子である者が出てきて、歩いていった、彼とともに、彼の名前、発音しにくい彼の名前も歩いて来た、歩いてやって来た、ぶらぶらとこちらにやって来た、その様子が聞こえた、杖をついてやって来た、石を越えてやって来た、きみにぼくの声が聞こえるかい、きみはぼくの声を聞いているね、ぼくだよ、ぼく、ぼくであってきみが聞いている者、聞いているときみが思い込んでいる者、ぼくであってその別の者、――そうやって彼は歩いた、その様子を聞きとることができた、いくつかのものが沈んでいった夕方、彼は歩いていった、雲のしたを歩いていった、影のした、自分の影と他人の影のしたを、歩いていった――というのも、ユダヤ人は、きみは知っているね、借りられたのではなく実際に自分に属しているものをすでに所持していても、それは借り受けたものであって、返却しなければならないものだから――、そうやって彼は歩いて来た、やって来た、通りを、美しい通りを、比べようもない通りをこちらに

やって来た、レンツのように、山のなかを、歩いて来た、彼にふさわしい低いところ、低地に住まわされていた彼が、ユダヤ人がやって来た、やって来た。
やって来た、そう、こちらへと通りを、美しい通りを。（Celan, Bd.3, S.169. 一五六－一五七）

冒頭に「ある夕方、太陽が沈んでいった――沈んだのはそれだけではなかった――」という一節が置かれているが、これだけでもじつにツェラン的だ。原文はこうである。Eines Abends, die Sonne, und nicht nur sie, war untergeganger。「太陽が」と言って、「それだけではなく」という言葉が挟まれて「沈んだ」と続いている。太陽以外に沈んだもの……。まさしく、ホロコーストによる文明そのものの没落を暗示した表現であるだろう。

ツェランがこの特異な散文テクストを書くうえで前提としていた作品として、ニーチェの『ツァラトゥストラはこう語った』、ブーバーの「ダニエル」（最初の対話「方向について」のサブタイトルが「山のなかでの対話 Gespräch in den Bergen」）、ビューヒナー「レンツ」、さらにはカフカの掌編「山への遠足」などがあげられる。

舞台となっているシルス・マリアはニーチェが永遠回帰の着想を得た場所としてよく知られているし、ツェランはブーバーをよく読んでいた。そもそも詩を「対話」と呼びつづけたツェランの根底には、ブーバーの「我と汝 Icn und Eu」の哲学があった。また、ビューヒナーの「レンツ」への言及は、ビューヒナー賞受賞講演「子午線」の構想のなかでいっそう重みを増したモティーフとなってゆく。

しかし、それらのテクストのなかで、この散文テクストが着想された当初においては、むしろカフカ的な語りに重点が置かれていたと思われる。とりわけ、カフカの「歌姫ヨゼフィーネあるいは二十日鼠族 Josefine, die Sängerin oder Das Volk der Mäuse」に登場する「チューチュー鳴き Pfeifen」ときわめて類似したモティーフがここには見られるからである。

マルリース・ヤンツはそのツェラン論『絶対詩のアンガージュマンについて』のなかで、ツェラン本人から彼女が聞かされた話として、あの対話は自分とアドルノのあいだの「元来、チューチュー語り Mauscheln なのだ」というツェランの言葉を伝えている（Janz, S.229.）。ドイツ語の Mauscheln は、Maus ネズミ（二十日鼠）から来た言葉で、Mauschel といえば侮蔑的に「ユダヤ人」を指す名詞であり、動詞の mauscheln は「イディッシュ訛りで話すこと」を指している。もちろん、侮蔑的な響きがそこにはある。チューチュー鳴いているネズミのようにわけのわからない言葉を話している連中、ということだ。そういうイディッシュ訛りでのアドルノと自分の対話こそがあの作品なのだ、とツェランは自ら語っていたということである。

実際、ここで「ユダヤ人」は冒頭では der Jud と綴られていて、通常のドイツ語 der Jude（ユーデ）ではない。イディッシュ語でユダヤ人のローマ字表記は yid（イード）だから、「ユード」はイディッシュ訛りのドイツ語と呼べる。さらに、「通りを、美しい通りを、比べようのない通りを」と訳している箇所の原文は、auf der Straße, der schönen, der unvergleichen だが、このように、複数の形容詞をひとつの名詞にそのまま重ねず定冠詞のみを反復してあとから追記してゆく語法は、イディッシュ文学でよく見られる。ツェランが一種の「チューチュー語り」（イディッシュ風のドイツ語）としてこのテクストを綴っているのがよく分かるところである。

それでは、「山中での対話」のさきに続く箇所、「ユダヤ人グロース」が登場する箇所を見てみよう。

するると、誰が彼のほうにやって来たと思う？　彼のほうに彼の従兄弟が、彼の従兄弟にして伯父の息子である者が、ユダヤ人の生涯で四分の一、年上の者がやって来た、大きな姿でこちらやって来た、彼もまたやって来た、影のなかを、借り物の影のなかを――というのも、神が彼をひとりのユダヤ人たらしめたのだから、誰が、とぼくは問う、問いかける、彼自身の影を連れて来るだろうか？――、やって来た、大きな姿でやって来た、もうひとりのほうにやって来た、グロースがクラインのほうへやって来た、すると、ユダヤ人、クラインは、ユダヤ人グロースの杖のまえで、自分の杖に沈黙を命じた。

こうして石も沈黙した、そして、あの者とこの者、彼らが、歩んで来た山中も、静かになった。

（Celan, Bd.3, S.169. 一五七）

アドルノはツェランよりも一七歳年長だったので、しばしば指摘されるとおり、「ユダヤ人の生涯で四分の一、年上」というのは、だいたい数字的にも合っている（詩篇第九〇章一〇節には「人生の年月は七〇年ほどのものです」とある）。しかし、そんなことより大事なのは、ここに登場する「従兄弟」が「ユダヤ人」としてきわめて同質的に描かれていること、まさしく違いは背丈の大きさだけであるように描かれていることである。

そして、静まりかえった山中でふたりの「ユダヤ人」が交わすのは、世界に生じた恐るべき出来事と、それによってもたらされた語ることの不可能性、聞きとることの不可能性についてである。テクストの後半はふたりの対話のみで構成されているが、最初の語り手がどちらなのか、すぐには判別がつかない。しかし、最後の長い語りが「ユダヤ人クライン」のものであることは明らかであるので、そこから逆算すると、対話はやはり「クライン」の語りかけからはじまって、交互に繰り返されていることになる。ふたりの対話は以下のようにはじまっている。


「きみは遠くからやって来た、ここまでやって来たのだね……」

「ぼくは来た、やって来た、きみのように」

「知っているさ」

「きみは知っている。知っていて分かっているね。この高いところで大地が褶曲した、一度、二度、三度、褶曲して、中央がさっくり開いた、その中央には水がある、その水は緑色で、緑色のものは白い、白いものはもっとさらに高いところから、氷河から来る、そう言うこともできるかもしれないが、そう言ってはならない、ここで肝心なのは言葉なんだ、そのなかに白いものを宿した緑のもの、それはきみのためのものでもぼくのためのものでもない、ひとつの言葉——だって、とぼくは問う、それは誰のために用意されているのか、大地はきみのために用意されているのでも、ぼくのために用意されているのでもないだろう——、ひとつの言葉、ああ、そうだ、我Ichもなければ汝Duもない、純然たる彼Er、純然たるそれEs、分かるだろう、純然たるそれらSie、それ以外ではない」

(Celan, Bd.3, S.170f. 一五九–一六〇)

冒頭は「クライン」の語りかけだから、引用の最後の長めの語りは「グロース」のものになる。そこでは三度にわたる大地の褶曲が報告されている。この三度の大地の褶曲は、最後の「クライン」の語りのなかでも繰り返されることになる。ユダヤ人への迫害の歴史に照らして、「三度」にこだわるなら、第一は紀元七〇年の第二神殿の崩壊から一三二年から一三五年にかけての第二次対ローマ戦争の敗北による離散のはじまりを、第二は一七世紀なかばのフミェルニツキーに率いられたコザックたちによるポグロムでの大量殺戮を、そして、第三はほかでもないナチス支配下でのホロコースト、ということになるだろう。「緑色」と「白色」という色彩へのこだわりは抽象的で分かりにくいところがあるが、ツェランの詩にしばしば登場する色彩の語彙で、とくにあとで見る作品「エングフュールング」との関連でも重要である。最後に登場する、いずれも大文字で記された「我」と「汝」、「彼」「それ」「それら」は、明らかにブーバーの「我と汝 Ich und Du」の哲学を踏まえているだろう（ただし、アドルノのほうはブーバーについてほとんど言及したことがない。おそらくブーバーのハシディズムの掘り起こしなどの仕事を、アドルノは端的にアナクロニズムと捉えていたと私は思う）。

これに続く両者の「対話」では、「石 Stein」の語りかけという、やはりツェランの作品、とりわけ「エングフュールング」にも登場する大事なモティーフが告げられたうえで、「山中での対話」は最後に「クライン」による長い語り、ほとんど独白と呼ぶべきパートに行き着く。この部分を丁寧に見てゆくと、それだけでも紙福が足りなくなるので、やはり「エングフュールング」と重なっている、とくにホロコースト下におけるツェランのトラウマ的記憶を思わせる部分を、確認しておきたい。

――石のうえにぼくは横たわっていた、そのとき、きみは知っているだろう、石板 Steinfliesen のうえに、そしてぼくの隣には、彼らが横たわっていた、ぼくと同様だった別の者たち、ぼくとは異なっていて、それでいてぼくとまったく同じだった、別の彼ら、伯父の息子たち Geschwisterkinder、彼らはそこに横たわって眠っていた、眠っていて眠ってはいなかった、彼らは夢を見ていて夢を見ていなかった、そして、彼らはぼくを愛さず、ぼくも彼らを愛さなかった、だって、ぼくはひとりの者だったのであり、誰か一者Einenを愛そうとしたりするだろう、そして、彼らは多かった、ぼくのまわりに横たわっていた者たちよりも多かった、全員を愛することができることなど誰が願うだろう、ぼくはきみに隠しておかないよ、ぼくは彼らを、ぼくを愛することができなかった彼らを、愛してはいなかった、〔後略〕

(Celan, Bd.3, S.171f. 一六二)

「彼らはぼくを愛さず、ぼくも彼らを愛さなかった」という一節に、端的に言って、ツェランのトラウマ的記憶の核心があるだろうと思われるところだ。そのことを、「ユダヤ人クライン」は「ユダヤ人グロース」に、包み隠すことなく打ち明けている。こういう内実を持つ「山中での対話」からすると、「あたかもこの作品によって、音楽に由来する要素が抒情詩のなかに実際に入り込んだという印象を、私は抱かずにいられません」というアドルノの手紙の言葉がいささか見当外れだったことは明らかである。しかし、同時に、こういう作品を自分との虚構的な「対話」として送られたアドルノの側がきちんと応答するのが相当困難なことであったことも、私たちは十分認めておくべきだろう。

とはいえ、このすれ違いによってツェランはアドルノに背を向けたわけではなかった。ツェランはビューヒナー賞受賞講演「子午線」のなかに、アドルノとの「実現しなかった出会い」のモティーフを決定的に組み込むことになるのである。

三、講演「子午線」における「実現しなかった出会い」

ビューヒナー賞受賞講演「子午線」は、ビューヒナーの作品を軸に、ツェランの詩にたいする思いを多面的に語ったテクストである。あのテクストを丁寧に論じるのは、やはりこの場ではとうてい不可能である。アドルノと直接関わる部分に限定せざるを得ない。ツェランはその講演の後半で、そこまで自分が語ってきたことを、あらためてこのように語り直している。

みなさま、私はふたたび出発点にいるのですから、もう一度、きわめて手短に、また別の方向から、同じことを問うことを、どうかお許しください。

みなさま、私は数年前に、小さな四行の詩を書き留めました――つぎのようなものです。

「いらくさの道からの声たち／逆立ちしてわれらのもとにやって来い。／ランプを携えてひとりでいる者が持つのは、／読み取られるべき手のみ。」

そして、私は一年前、エンガディーンでの実現しなかった出会いの思い出に、小さな物語を紙に書きつけました。その物語のなかで、私はひとりの人物を「レンツのように」山のなかを歩ませました。

どちらにおいても、ある「一月二〇日20. Jänner」から、私の「一月二〇日」から、私は書き起こしてきました。

私は……私自身に出会いました。

(Celan, Bd.3, S.200f. 一二八 - 一二九)

ビューヒナーの「レンツ」は、「二〇日にレンツは山を越えていったDen 20. ging Lenz durch's Gebirg」という一文ではじまる。レンツはその日に山を越えて、ヴァルトバッハの牧師館のオーベルリーンのもとにたどり着く。つまり、ビューヒナーの原作では「二〇日」とだけ書かれていて、「一月二〇日」とは書かれていない。しかし、実際にレンツがオーベルリーンのもとに滞在していたのは一七七八年一月二〇日から二月八日までであり、作中にはやがて「二月三日」という日付が登場する。だから、ツェランは冒頭の「二〇日」が「一月二〇日」であることにあるときに気づいたのだろう。そして、それがツェランにとって決定的なヴァンゼー会議の日付であることによって、彼は深く、まさしく震えるように深く、印象づけられたのだと思われる。「山中での対話」では「レンツのように」という言葉は登場しても、まだそれが一月二〇日であったことは書かれていなかった。それが、ビューヒナー賞受賞講演「子午線」の原稿に取り組むなかで、あらためてヴァンゼー会議の日付として浮かび上がってきたに違いない。

右の引用でツェランが自己引用しているのは、詩集『言葉の格子』の巻頭に収められている無題の詩、冒頭の言葉を取って（　　）書きで「(声たちStimmen)」と呼ばれている作品の一部である。それ自体、難解な作品だが、ツェランが「子午線」で引用している文脈は、この詩の大枠を理解する手がかりを私たちにあたえてくれてもいる。やはりこの一節もまた「一月二〇日」から書かれているのだから、「いらくさからの声たち」は迫害され、死滅した同胞たちの声、「読み取られるべき手」というのは、手のなかの手相のようなものを指していて、そこにはその迫害の痕跡がまるでレコード盤の細い溝のように刻まれている、と理解できるのではないだろうか。それを読み取り、聴き取ることが自分の使命なのだと、彼はあらためて理解したのだと受けとめることができる。だから、ツェランが「私は……私自身に出会いました」と語っているのは、何か幸福な自己との出会いではなく、避けようもない運命性を背負った詩人としての自らのありかたとの出会いだったと言える。

このあたりまで来ると、もはやアドルノとの関連は希薄な印象があるかもしれない。しかし、「子午線」のなかのつぎの一節は、おそらくアドルノのアウシュヴィッツ命題抜きにはけっして書かれなかったであろうものだ。

ひょっとすると、あらゆる詩にはその「一月二〇日」が書き込まれたままである、と言うことができるのではないでしょうか？　ひょっとすると、こんにち書かれている詩における新しい点は、まさしくこのこと、すなわち、そのような日付を記憶しつづける試みがそこにおいてもっとも明確になされている、という点にあるのではないでしょうか？
そもそも私たちすべてはそのような日付から書き起こしているのではないでしょうか？　そして、どのような日付に私たちは自らを帰属させているのでしょうか？　（Celan, Bd.3, S.196. 一二〇）

アドルノが自らのアウシュヴィッツ命題にたいする「反論」として表立って応答したのは、エンツェンスベルガーのものにたいしてであり、その当のエンツェンスベルガーの「反論」はまたネリー・ザックスを引き合いに出してのものだった。だからこそ、ここでのツェランの主張は、エンツェンスベルガーよりもいっそうアドルノにとってわが意を得たものだっただろう。アドルノがここでのツェランの主張に明確に応答していれば、アドルノのアウシュヴィッツ命題をめぐってさらにスリリングな展開が実現していたはずである。しかし、アドルノがこの前後に行ったのは、ベケットをはじめとした前衛芸術家とツェランを引き合わせようとする試みだった。それはどうやらうまくゆかなかったのだが……。

もうひとつの文脈として、さきに記したとおり、ツェランがビューヒナー賞を受賞する前後、ツェランを剽窃者として誹謗中傷するクレール・ゴルを中心としたキャンペーンが頂点に達していた、という事情があった。これについては、ツェランの代表的な研究者バルバラ・ヴィーデマンが大著にまとめてゴル事件がなにだったのか、まさしく霧を一掃するすばらしい仕事をしている。それによれば、亡くなった夫のイヴァン・ゴルが急速に忘れられていると思われるなか、若い詩人に剽窃を促すほどの力をイヴァン・ゴルの作品がまだ有していることを示すために、ゴルの遺稿を改竄してまでクレール・ゴルはツェランを剽窃者として追い詰めようとしたのだった。実際、一九六二年一月二一日付、一月二三日付、一月二六日付の立て続けに書かれたアドルノ宛の手紙には、ツェランを誹謗中傷する者たちの策動にたいする、ツェランの悲鳴のような言葉が書きつらねられている（一月二六日付の手紙は未発送）。

アドルノが公的に自分を擁護する立場を明確にしてくれることをツェランはもとめていたが、アドルノにできたのは、何人かの友人を紹介すること、そして、ツェラン論を書くことをあらためて約束したこと、さらには、『ディ・ノイエ・ルントシャウ』誌、一九六〇年第一号に発表していた論考「ヴァレリーのさまざまな逸脱」を一九六一年に『文学ノート』に収録する際、「パウル・ツェランのために」という献辞をあらたに添えたことぐらいだった。『ルントシャウ』一九六〇年第二号には、ほかでもないツェランの「山中での対話」が掲載されているので、献辞にはツェランにたいする感謝の意味合いがあるとともに、ふたりの出会いがツェラン訳による「若きパルク」の朗読に際してであったことも反映していると推測されている。

しかし、ここにも、最初に述べたような皮肉な現実が介在していた。ツェランはアドルノへの一九六二年一月二三日付の手紙でこう訴えているのである。

問題全体は、一種のドレフュス事件です。そこに関与しているのは、とりわけいわゆる精神的なエリートたちです。

私は身ぐるみを剝がされているのです――あらゆる意味において、ほんとうにあらゆる意味においてです。そしてそのうえ、唾を吐きかけられ、誹謗されているのです……　（本書、三四頁）

このように自分を誹謗中傷するキャンペーンを「一種のドレフュス事件」とツェランは明確に呼んでいるのだが、すでに述べたとおり、ヴァレリーはドレフュス事件に際して反ドレフュス側であることをはっきりと意思表示していた文学者だった。ヴァレリーの師に相当するマラルメがゾラに彼の「我、弾劾す」を熱烈に支持する電報を送っていたのにたいして、ヴァレリーはマラルメの死後、「思うところあって non sans réflexion」の言葉とともに三フランを反ドレフュス派に献金していたのである。ツェランはおそらく、この「一種のドレフュス事件」から精神的に逃れるようにして「若きパルク」の翻訳に携わっていたとも考えられるだけに、事態はいっそう皮肉な逆説に満ちている。ツェランは文学者として、ヴァレリーの政治的態度と作品を区別して考えていたと見るのは、おそらく間違いである。ツェランはよくも悪くもそういう「文学者」、文学至上主義者ではなかった。その時点でヴァレリーが反ドレフュス派だったと知っていたなら、「若きパルク」をツェランが訳すことはけっしてなかっただろうと私は思う。実際、ツェランは「若きパルク」以降、ヴァレリーの詩を一篇も訳してはいないのだ。

四、「エングフュールング」とアドルノの批評

アドルノとツェランの手紙のやり取りは、一九六二年一月二九日、奇しくも同じ日付で書かれたふたりの書簡を最後に、いったん途絶える。そのふたつの書簡が同じ日付であること、つまり、明らかにふたつの手紙が行き違ったことも、両者の関係を象徴しているかもしれない。その後ツェランは、アドルノへの痛烈な批判をこめていると読める詩を書いたりもする（関口裕昭『パウル・ツェランとユダヤの傷』、一七〇－一七二頁）。

とはいえ、往復書簡集に収められている一九六五年二月二六日付のアドルノの短いツェラン宛の手紙は、両者のあいだでなにがしかの関係が続いていたことを思わせる。しかも、一九六七年の夏学期にアドルノが行っていた「美学」についての講義にツェランは顔を見せ、さらに一九六八年一月一二日にアドルノがコレージュ・ド・フランスで講演を行なった際ツェランはそれをこっそり聴講していた。ツェランはそのことを、一九六八年一月二五日付のアドルノ宛の短い手紙で伝えている。それに

たいしてアドルノは、一九六八年二月九日付のツェラン宛の手紙で、「あなたの抒情詩について永らく計画している自分の論考、『言葉の格子』を引き合いに出すことになるだろう論考」について、あらためて綴っている。大学の雑務に追われてその実現を延期せざるを得なかったことを詫びながら、それでもアドルノはこう書いている。

とはいえ、息をつくことができさえすれば、すぐにあの論考を仕上げようと思っています。長いあいだ計画してきたものです。その構想は、共同で「エングフュールング」について行った、ペーター・ソンディのベルリン自由大学のゼミナールでの研究会と直接結びついています。私が言おうと思っていたこと、そしてきわめて難しくなるだろうことを、あの詩だけに即して語るのか、詩集全体に即して語るのか、私はまだ見通すことができませんが、やはり後者の道をたどることになりそうだと考えています。（本書、五一頁）

このアドルノの手紙がふたりの往復書簡の最後である。ここにアドルノが記しているとおり、彼は一九六七年の夏学期にソンディが行なっていた「秘教的な詩」（マラルメ、T・S・エリオット、ツェラン）に関するゼミナールに、一九六七年七月七日に参加していた。マラルメ、T・S・エリオット、ツェランという並べ方にたいして、おそらくツェランは強い違和感を覚えたはずだ。ツェランのテクストにT・S・エリオットの名前がまったく登場しないのは、ツェランにとってエリオットがなによりも反ユダヤ主義的な作品を公然と発表していた「反ユダヤ主義者」であったからだと私は推測している。この点で、ソンディとツェランのあいだでなんらかの厳しいやり取りがあり得たことを私は思わずにいられない。

その後ソンディは一九七一年一月に「エングフュールング」にたいする精緻な読解をフランス語で書くことになる。「エングフュールング」が絶滅収容所跡を舞台とした作品であること、この一篇がアドルノのアウシュヴィッツ命題にたいする根本的な「反駁」として書かれていること、大枠としてソンディはそのような読みを提示した。

ただし、その時点ではアドルノがすでに死去していただけでなく、ツェランもまた自死という形で死去してしまっていた。さらに言うと、ソンディも一九七一年一〇月にベルリンのハーレン湖、ハーレン・ゼーで入水自殺を遂げてしまう。まるで「エングフュールング」のタイトルそのままに、アドルノ、ツェラン、ソンディというかけがえのない三人の命が順を追って「狭いところへ導かれて行った」かの印象がある。ソンディの「エングフュールング」についての精緻な読解は残されたものの、アドルノはとうとうツェラン論を書き上げることができなかった。

きわめて難解なうえに、ツェランが書き残したもっとも長大な作品である「エングフュールング」について、やはりここで十分に記すことはとうてい不可能である。アドルノとの関わりで、もっとも重要と思われる部分だけを確認することにする。この詩はアステリスクによって九つのパートに区分されているが、その二番目のパートにはこういう一節が登場する。

彼らが横たわっていた場所、そこには
ひとつの名前がある――そこには
ひとつも名前がない。彼らはそこに横たわっていなかった。なにかが
彼らのあいだに横たわっていた。彼らは
見通すことがなかった。

見なかった、いや、
語り合っていたのだ、
言葉について。どの言葉も
目覚めなかった、
眠りが
彼らのうえにやって来た。

(Celan, Bd.1, S.198. 四五－四六)

この一節がアドルノとの関わりで重要なのは、「山中での対話」がこの箇所の一種の自己解説のようにも読めるからである。そこには私がツェランのトラウマ的記憶と仮に呼んだ、以下のような一節が書きこまれていた。もう一度引用しておこう。

ぼくの隣には、彼らが横たわっていた、ぼくと同様だった別の者たち、ぼくとは異なっていて、それでいてぼくとまったく同じだった、別の彼ら、伯父の息子たち、彼らはそこに横たわって眠っていた、眠っていて眠ってはいなかった、彼らは夢を見ていて夢を見ていなかった、そして、彼らはぼくを愛さず、ぼくも彼らを愛さなかった、

(Celan, Bd.3, S.172. 一六二)

「山中での対話」が一九五九年八月という日付を持つのにたいして、ツェランが「エングフュールング」を書いたのは、ツェラン自身の証言によれば一九五八年二月一七日から五月三日にかけて、テクストの日付からすれば一九五七年七月二一日から一九五八年一一月三日のあいだとされている。いずれにしろ、最初に「エングフュールング」が書かれ、その後に「山中での対話」が書かれたことになる。アドルノがツェランから『言葉の格子』を謹呈されたのも一九五九年八月のことだった（詩集の出版自体は同年三月）。以来、アドルノはその死にいたるまで、『言葉の格子』、とりわけその巻末の「エングフュールング」について書くことを、頭の片隅に置き続けていた。

かろうじて、私たちがアドルノのツェラン論としてまとまった形で読めるのは、彼の死後、遺著として刊行された『美の理論』、しかもその「補遺」に収められている、以下の一節である(本書でもゼングの編集にならって「付録」として長めに収録している)。

同時代のドイツの、抒情詩の秘教的な作品のもっとも重要な代表者パウル・ツェランにおいては、秘教的なものの持つ真理内容がその向きを反転させている。その抒情詩は、経験にたいする芸術の恥じらいとともに、その手を擦り抜ける苦悩を昇華してしまうことへの芸術の恥じらいによって、すみずみまで浸透されている。ツェランの詩は、言語を絶した恐怖を、沈黙をつうじて語ろうとする。その真理内容自体がある否定的なものとなっているのだ。彼の詩は、人間のうちの見捨てられたひとびとよりもさらに下方に位置する言語、それどころかあらゆる有機的なものよりもさらに下方に位置する言語、石や星といった死せるものの言語を模倣するのである。(本書、五八–五九頁)

ツェランの作品にたいする批評としてはあまりに一般的な印象はまぬがれないかもしれない。それでも私は、この一節は「エングフュールング」の以下のような箇所にまさしく指を押しあてるようにして記された言葉ではなかったかと思わずにいられない。

粒状の、
粒状で繊維状の。葉柄状の、
目の詰んだ……
房状で放射状の……腎臓状の、
板状の
塊状の……緩く、枝-
分かれした――……石は、それは
言葉を差し挟まなかった、それは
語った、
語った、乾いた目に喜んで語った、それからその目を閉じさせた。(Celan, Bd.1, S.201. 五二)

なんら「言葉」を差し挟むことなく、それでいてなにごとかを語っている「石」。いわばその存在そのものにおいて言語的であるような「石」……。それはまた、あの「山中での対話」における重要なモティーフのひとつでもあった。『美の理論』初版の編者あとがきの日付は一九七〇年七月なので、同年四月の終わりに自死したツェランは、彼が求めつづけていたアドルノの公的な讃辞を、あのような短い一節をつうじてすらついに読むことができなかったことになる。アドルノとツェラン、「山中での対話」と「エングフュールング」を軸にした、またソンディを介した、このふたりないし三人の関係は、だからこそ、私たちにさらなる読解を求めているに違いない。

＊なお、この論考は、二〇一七年一二月九日に開催された日本独文学会京都支部会での発表原稿に加筆修正をくわえたものである。

引用文献

Celan: Celan, Paul, Gesammelte Werke in fünf Bänden. Bd.1 (Gedichte I), Bd.3 (Gedichte III, Prosa, Reden). Hrsg. von Beda Allemann und Stefan Reichert unter Mitwirkung von Rudolf Bücher, Frankfurt am Main 1983.
ここからの引用は本文に巻数と頁数を記している。引用は細見があらためて訳出しているが、以下の飯吉光夫訳を参照してもいるので、読者の便宜のため、その頁数を巻数字で付している。『パウル・ツェラン詩文集』飯吉光夫 編・訳、白水社、二〇一二年。

参考文献

Janz: Janz, Marlies, Vom Engagement absoluter Poesie. Zur Lyrik und Ästhetik Pau Celans. Frankfurt am Main 1976.
Lehmann, Jürgen (Hrsg.), Kommentar zu Paul Celans »Sprachgitter«. Heidelberg 2005.

Szondi, Peter, Schriften II, Frankfurt am Main 1978.
細見和之『「投壜通信」の詩人たち――〈詩の危機〉からホロコーストへ』岩波書店、二〇一八年。
関口裕昭『パウル・ツェランとユダヤの傷――《間テクスト性研究》』慶應義塾大学出版会、二〇一一年。

あとがき

本書は、巻頭の凡例に示しているとおり、『フランクフルター・アドルノ・ブレッター』第八号に、ヨアヒム・ゼングの編集で掲載されている「アドルノ／ツェラン往復書簡　1960－1968」と同号に掲載されているゼング自身の論考の翻訳、それに私の論考を合わせて一書としたものである。往復書簡とゼングの論考の書誌については凡例を参照いただきたい。

「あとがき」として記すのには少々重い内容ではあるが、ふたりの往復書簡、ゼングの論考を読むうえで、繰り返し話題になっている「ゴル事件」について、あらためてここで簡単にふれておきたい。

ツェランが病床のイヴァン・ゴルのもとを訪れたのは一九四九年一一月のことだった。のちに撤回されることになる第一詩集『骨壺からの砂』を一九四八年に刊行していたとはいえ、ツェランはまだ無名の若者だった。『骨壺からの砂』から何篇かを朗読したツェランは、イヴァン・ゴルはもとより、妻のクレール・ゴルにもいたく気に入られる。そして、病床のイヴアン・ゴルは自分のフランス語で書いた詩のドイツ語訳をツェランに託し、一九五〇年二月に亡くなってしまう。クレールからの繰り返される督促に応えて、ツェランはなんとかイヴァン・ゴルの作品のドイツ語訳を仕上げるが、その出来栄えがクレールによって強く批判される。あまつさえ、一九五三年八月には、ツェランがイヴァン・ゴルの遺稿から剽窃しているという告発文が、クレール・ゴルによって出版社に送りつけられることになる。ここから、ツェランのビューヒナー賞受賞前後に頂点に達したとされる「ゴル事件」がはじまるのである。

この「ゴル事件」の全容は、ドイツの代表的なツェラン研究者バルバラ・ヴィーデマンが二〇〇〇年に刊行した大著『パウル・ツェラン——ゴル事件』によってすでに解明されている。クレール・ゴルは、イヴァン・ゴルが死後急速に忘れられてゆく現状を嘆いて、才能のある若い詩人が剽窃したくなるほどの魅力をいまなお持つ詩人イヴァン・ゴルというイメージを喚起したくて、イヴァン・ゴルの遺稿に手を入れてまで、ツェランを剽窃者に仕立て上げようとしたのだった。のちにクレール・ゴルはイヴァン・ゴルのフランス語作品のドイツ語訳を自ら出版するが、そこにはツェランによる翻訳が多く使われていた。その点では、むしろ剽窃者として追及されるべきはクレール・ゴルのほうだった。くわえて、イヴァン・ゴルもクレール・ゴルもともにユダヤ系であったという事実も、この「事件」を複雑にしていた。

一方、ツェランの側にも、このクレール・ゴルによる「告発」を深く憂慮せざるを得ない背景があった。ひとつは、ツェランが戦後のドイツあるいはヨーロッパで反ユダヤ主義の風潮を強く感じていた、ということである。クレールの告発に同調するひとびとの動機に、彼は反ユダヤ主義を鋭敏に感じ取っていたのだった。それにたいして、ツェランを擁護しようとするひとびとの側では、ツェランの訴える「反ユダヤ主義」を一種の被害妄想と片づける傾向が存在していたのである。この傾向がツェランをたびたび孤独に追いやっていた。

もうひとつには、彼を一躍有名にした「死のフーガ」には、「彼(ER)」という先行作品がおそらく存在していたという事実である。「彼」は、ルーマニア時代にツェランの同級生で友人だったイマーヌエール・ヴァイスグラースが書いていたものだ。ヴァイスグラースはその後二冊の詩集を出版しているが、そこに「彼」は収録されておらず、「彼」が公表されたのは、一九七〇年二月、ブカレストで刊行されている月刊誌『新文学』においてだった。それは以下のような作品である(引用は以下から——Buck, Theo, Muttersprache, Mördersprache. Celan-Studien I. Rimbaud, Aachen 1993, S.66f. 翻訳は細見による。以下同様)。

ぼくらは墓を宙に押し上げ、移り住む

女や子どもと一緒に、命じられた場所で。
ぼくらは熱心に掘る、ほかの者らはヴァイオリンをかき鳴らす、
みんな墓をつくって、ダンスを続ける。

彼が望むのは、これらの弦を弓がもっとあつかましくこすること
彼の顔つきのように厳しくこすること。
甘美に死を奏でろ、死はドイツの名手、
そいつは霧となって国々を忍び歩く。

そして、夜、黄昏が血を流しながら溢れてくると、
ぼくは糧を貪ろうと、食いしばっていた口を開く、
みんなのための一軒の家を宙に掘る、
棺のような幅で、いまわの際のようにほっそりと。

彼は蛇どもと戯れる、脅しては詩作に耽る、
ドイツで一日は黄昏れる、グレートヒェンの髪のように。

雲のなかの墓なら狭くはない、
いたるところで死はドイツの名手だったのだから。

この作品は、定型的な四行一連を重ねたうえに、翻訳では表わすことができていないが、交差脚韻を踏むなど、伝統的な手法にしたがって書かれている。もちろん、ツェランの「死のフーガ」とは赴きがまったく異なっている。しかし、この点は翻訳からも明らかなように、宙に墓を掘る、甘美に死を奏でる、死はドイツの名手、蛇どもと戯れる、グレートヒェンの髪など、「死のフーガ」にもほぼそのまま登場する語彙やイメージがこの作品には多くふくまれている。これだけの重なりからすると、ヴァイスグラースの「彼」がツェランの「死のフーガ」の先行形態であった可能性は十分に考えられるだろう。ヴィーデマンをはじめ、ツェランの代表的な研究者のあいだではヴァイスグラースの「彼」を「死のフーガ」の先行形態と安直に理解することにたいして批判的であるとはいえ、すくなくとも、両者のあいだで同一の語彙やイメージの共有があったと考えないわけにはゆかないだろう。

さらに「死のフーガ」に登場する「黒いミルク」という暗喩がローゼ・アウスレンダーの「生に向かって」という作品に由来することが指摘されていた。さらに「死のフーガ」が当時のロシア語新聞『イズベスチア』の記事を背景に一九四五年五月に書かれた、というツェラン自身の証言も残されていた。長い探索の果てに、その記事が一九四四年一二月二三日号のものであることを、ヴィーデマンは二〇一〇年になって発見した。それは、ヤノフスカ収容所とその周辺で民間人が大量に殺戮・埋葬され、のちに遺体が掘り出され焼却されたことを伝える、赤軍の「法医学鑑定委員会」による長文の報告記事だった。そこには、ヤノフスカ収容所で抑留者のなかから楽団が組織され「死のタンゴ」が演奏されていた、とも記されていた。「死のタンゴ」は、「死のフーガ」が最初ルーマニア語訳で発表された際のまさしくタイトルだった(『イズベスチア』一九四四年一二月二三日号の当該の記事のロシア語からの翻訳は以下――「ドイツ・ファシストの侵略者による犯罪行為の立証と調査に関する国家非常委員会の報告」関岳彦・森光広治訳、『ナマール』第一七号、神戸・ユダヤ文化研究会、二〇一三年、九五‐一〇八頁)。

ヴァイスグラースは「彼」を公表した際、その末尾に「一九四四年」という執筆年を記している。おそらく『イズベスチア』のその記事をツェランとヴァイスグラースが一緒に読み、ヴァイスグラースがその年内に「彼」を書き、その作品と記事の内容、さらにアウスレンダーの「黒いミルク」という暗喩の記憶が両親を失っていたツェランに複合的に作用して「死のフーガ」が成立した、と考えるのが妥当ではないだろうか。これは「研究者」には理解しにくいことかもしれないが、ヴァイスグラースの「彼」とツェランの「死のフーガ」を読み比べて、逆があり得るか、つまり「死のフーガ」を読んだあとでヴァイスグラースがあえて「彼」を書くかと考えてみると、ほとんど直観的に明らかなことだと私には思える。
ヴァイスグラース自身は、一九七五年五月の時点で、フライブルク大学のゲルハルト・バウマンに宛てた手紙のなかでこう記していた（引用は以下から――Firges, Jean, Den Acheron durchquert ich: Einführung in die Lyrik Paul Celans. Stauffenburg Verlag, Tübingen 1998, S. 86）。

創作の領域においては――ある形象のメタファーの輪郭が別の形象を照らし出すといった場合でも――、肝心なのはつねに、純粋に芸術的なものにおける獲得と喪失のみです。それに、「死のフーガ」は、私たちの時代の抒情的な意識に深く根ざしています。類似点はなんらかの優先性を示す証拠にはなりません、「仲間内での対照性」がしばしば、「言葉を共有しているふたりの友人」を、詩をもとめて一緒に努力するなかで、結びつけていたのです。

このようにヴァイスグラースはここでは、自分の作品「彼」のほうが「死のフーガ」に先行して書かれたとは、けっして明言していない。けれども、ふたりがテーマや語彙、メタファーなどを共有していたこと、それでいてたがいの個性は対照的に異なっていたこと、それらのことは明瞭に記している。さらに文面の端々からは「彼」が事実としては先行して書かれ、「死のフーガ」がそれをはるかに凌駕する作品としてのちに書かれたというヴァイスグラースの了解がうかがえるのではないだろうか。「肝心なのはつねに、純粋に芸術的なものにおける獲得と喪失のみです」、「類似点はなんらかの優先性を示す証拠にはなりません」という彼の言葉は、そのような文脈で理解することができるだろう。

それにしても、もしもそうだとすれば、なぜヴァイスグラースはそのことをもっと明確に記さなかったのか。その点については、このヴァイスグラースの文面が、さきに記したとおり、一九七五年五月、つまりツェランの自死から約五年後に書かれたものだということを、私たちは合わせて考えておくべきではないだろうか。つまり、ヴァイスグラースには「彼」の公表がツェランを自死に追いやった一因かもしれないという負い目があったのではないだろうか。

とはいえ、はたしてツェランは、一九七〇年二月にルーマニアのブカレストで刊行された『新文学』をパリで読むことなどできたのか。当時はまだルーマニアとフランスは冷戦のただなかで両国のあいだは鉄のカーテンで隔てられていたのである。いささかミステリー染みた話だが、ツェランの蔵書にはその当の『新文学』一九七〇年二月号が実際にふくまれていたのである。ツェランがこの雑誌を定期購入していた形跡はなく、おそらく編集部かヴァイスグラース自身が送付したのだと思われる。最後の数年は精神科の病院への入退院を繰り返し、引っ越しもしていたツェランだが、『新文学』のその一冊は不幸にも彼のもとに届いていたのだ。

ヴィーデマンは『パウル・ツェラン――ゴル事件』という大著において、ヴァイスグラースの「彼」の公表とツェランの自死の関係について、こう記している（引用は以下から――Wiedemann, Barbara, Paul Celan-Die Goll-Affäre. Suhrkamp, Frankfurt am Main 2000, S.839）。

ゴル事件はパリで暮らしていたツェランの人生と作品に、他のどの出来事にもまして大きな刻印を残しており、それがあたえた影響は最大限に見積もられねばならない。ゴル事件は一九四九年から五〇年にかけてのイヴァン・ゴルの最初の翻訳の時期から、一九七〇年二月のヴァイスグラース作品の公表との関わりで新たな剽窃攻撃が予感されるにいたる時期まで、二〇年にわたって彼につきまとっていたのである。ヴァイスグラースの作品の公表がもたらす帰結に、自分はもはや耐えとおすことができない、ひょっとするとツェランはそのように考えたのかもしれない。

ヴィーデマンがこう記したのは二〇〇〇年であって、まだその時点で彼女は『イズベスチア』の記事の発見にはいたっていない。彼女自身が『イズベスチア』の一九四四年一二月二三日号の記事を発掘したことによって、ヴァイスグラースの「彼」と「死のフーガ」の関係はいっそう明瞭になったのである。

肝心なことは、ヴァイスグラースの「彼」が先行作品として書かれていたとして、そのことと「死のフーガ」の関係をあらためてどのように考えるか、ということだろう。私自身は、すでに記したとおり、ヴァイスグラースの「彼」、アウスレンダーの「黒いミルク」という暗喩、『イズベスチア』の記事、それらが両親を失くしたツェランに複合的に作用して「死のフーガ」という作品が書かれ得たことを、肯定的・積極的に評価すべきであると思っている。そのようにして優れた詩が書かれてきたし、今後も書かれてゆくことだろう。むしろ、「彼」と「死のフーガ」のあいだに存在している、眩暈のするような断絶と跳躍こそが重要なのだ。

たとえば、日本では、田村隆一の代表作のひとつ「立棺」という長篇詩をめぐって、同じ「荒地派」の鮎川信夫と中桐雅夫との関係でまさしく同様の事態が現に生じている。すなわち、鮎川の詩の一節にさり気なく登場する「立棺」という言葉を印象深く記憶していた田村は、中桐から「私の屍体を地に寝かすな」という一行からはじまる「立棺」という「二〇行足らず」の詩を見せられたとき、強い欲望に突き動かされて、九〇行からなる自分の「立棺」という詩を書いてしまったのである。その後、中桐は自分の「立棺」という詩を取り下げてしまう。したがって、『中桐雅夫全詩集』にも「立棺」という詩は見あたらないのだ。
これらの点についてさらに詳しくは、拙著『「投壜通信」の詩人たち』の第六章を参照いただければ幸いである。

なお、本書の翻訳部分は最初、大阪で刊行されている詩誌『イリプスIInd』(澪標)の第二一号(二〇一七年二月)、第二二号(二〇一七年六月)、第二三号(二〇一七年一〇月)、第二四号(二〇一八年三月)に掲載されたものに修正を施したものである。同誌の編集者の松尾省三さん、主宰者の倉橋健一さんにあらためて感謝したい。
郁文堂の柏倉健介さんには、著作権の確認から原稿の整理にいたるまで、多年にわたってご負担をおかけすることになった。本書が柏倉さんの尽力にすこしでも値するものであることを祈るしかない。

篠山にて
二〇二三年八月三一日

細見和之

著者略歴

テオドーア・W・アドルノ（Theodor W. Adorno　1903〜1969）
フランクフルトの裕福な家庭に育つ。父はユダヤ教徒、母はカトリック。ナチス時代にアメリカ合衆国に亡命し、ホルクハイマーとの共著『啓蒙の弁証法』（徳永恂訳、岩波文庫）を著す。戦後ドイツに帰国して、フランクフルト学派を牽引。主著に『否定弁証法』（木田元ほか訳、作品社）。死後に遺著として『美の理論』（大久保健治訳、河出書房新社）が刊行された。

パウル・ツェラン（Paul Celan　1920〜1970）
当時はルーマニア領下（現在はウクライナ領下）にあったチェルノフツィでユダヤ人の両親のもとに生まれる。1942年、ナチス支配下で両親を失う。1948年からパリで暮らし、1958年ハンザ自由都市ブレーメン文学賞、1960年ゲオルク・ビューヒナー賞を受賞。1970年4月、セーヌ川にて入水自殺。『パウル・ツェラン全詩集』（全３巻、中村朝子訳、青土社）、『パウル・ツェラン詩文集』（飯吉光夫編訳、白水社）などがある。

編著者略歴

ヨアヒム・ゼング（Joachim Seng　1966〜）
フランクフルト大学でドイツ文学、政治学、経済学を学ぶ。2007年からフランクフルトのゲーテ博物館において、ゲーテ時代とロマン派に関する特別館長を務める。ツェラン、ゲーテ、ホーフマンスタールなどについての著書がある。

訳者・解説者略歴

細見和之（ほそみ・かずゆき　1962〜）
兵庫県丹波篠山市生まれ、同市在住。1991年大阪大学大学院人間科学研究科博士後期課程修了。博士（人間科学）。現在、京都大学大学院人間・環境学研究科教授。ドイツ思想専攻、詩人。主な著書に『アドルノ』（講談社）、『「投壜通信」の詩人たち』（岩波書店）、主な詩集に『家族の午後』（三好達治賞、澪標）。

アドルノ／ツェラン往復書簡 1960–1968

2023年12月18日　初版発行

編　者　ヨアヒム・ゼング

訳　者　細 見 和 之

発行者　柏 倉 健 介

発行所　株式会社　郁　文　堂

〒113-0033 東京都文京区本郷5-30-21

電話［営業］03-3814-5571

［編集］03-3814-5574

ISBN 978-4-261-07361-4